保育っておもしろい！

どうする？ どう書く？
保育計画

九州合研常任委員会◎編

かもがわ出版

九州合研常任委員会◎編

「保育っておもしろい！」ブックレット刊行によせて

九州保育団体合同研究集会（略称 九州合研）は一九七〇年に産声をあげた自主的で民主的な保育研究運動の組織です。「保育者の良心の砦 九州合研」「九州は一つ」を合言葉に、毎年一回、九州各県持ち回りで一〇〇〇人規模の集会を開催しています。

九州合研は、保育者・親・研究者・医師など参加者みんなが対等平等に向かい合い、「話し合って学び合う」ことを大切に、分科会で提案された実践を深め、真に実践を導く理論の創造に向けて歩みを進めて参りました。その実践的・理論的蓄積を多くの方々と共有したいという願いを込めて、二〇〇九年の長崎集会で、九州合研四〇周年記念ブックレット「保育っておもしろい！」シリーズの『集団づくり』と『乳児保育』を同時刊行いたしました。それ以降『障がい児保育』（二〇一二年）、『3・4・5歳児の保育』（二〇一三年）、『こどもがえがく・こどもがつくる』（二〇一四年）、『おいしいね！ たのしいね！給食と保育』（二〇一六年）『ワクワク ドキドキ 身体づくり』（二〇一八年）を刊行してきました。そしてコロナ禍を経て、今回『どうする？ どう書く？ 保育計画』の刊行にたどり着くことができました。悩み多き保育計画だからこそ、この一冊が全国の保育現場を明るく照らす光芒となることを願ってやみません。

九州保育団体合同研究集会 常任委員会代表

脇 信明（二〇二四年八月）

はじめに――保育計画が変わると保育が変わる

「保育計画と園の行事」分科会は、一九七〇年の第一回集会において設置された「集団づくり」分科会を源流として、一九八四年の第一五回集会で「保育計画と園の行事」分科会となり、現在に至っています。

今回このブックレットの刊行にあたっては、これまで多数提案された実践提案の一部を紹介するという手立てをとるのではなく、これまでの提案と意見交換で確認されてきた、どの提案にも「共通する課題」と、語り合われてきた「保育計画の持つ可能性」をまとめてみました。

第1章では、二〇二二年頃から報道されている「不適切な保育」が生じる背景と原因を、保育計画の視点から紐解くことで本来の保育計画の持つ役割を確認します。第2章では分かりにくい保育計画の種類を簡潔に整理し、構造的な理解を図ります。そして、第3章では「どう書く?保育計画」として、これまでの分科会討論の集大成をひとつの年間指導計画として運営委員より提案したいと思います。最後の第4章には「どうする?保育計画」として、計画づくりが始まるまでに大切にするプロセスや、計画づくりに伴って出てくる課題と展望が書かれています。

このブックレットは一般的な保育計画に関する本とは一線を画したつくりになっています。これを見れば「保育計画がちゃんと書きあげられる」というものではありません。「子どもの姿や思いを汲み取りながら、保育者が願う子どもの姿やその姿を実現させるための実践をどのように保育計画に載せるか」という、保育計画が持つ本来の役割について、読者のみなさんと一緒に確かめ合い、検討したいとの思いで作成しています。この一冊がきっかけとなり、「他の保育者と保育計画について語り合ってみよう」と思ってくださることを、心から願っています。

■吾孫子　幹（九州合研ブックレット『どうする?　どう書く?　保育計画』代表）

「保育っておもしろい！」ブックレット『どうする？　どう書く？　保育計画』◎もくじ

「保育っておもしろい！」ブックレット刊行によせて　2

はじめに――保育計画が変わると保育が変わる　3

第1章　不適切な保育から考える保育の課題と保育計画――7

1　不適切な保育の背景にあるもの　8
2　保育に一貫性を持たせるための指導的役割を果たす「保育計画」　10
3　書式に見る保育計画の課題―なぜ保育計画は書きにくいのか―　11
（1）年間指導計画には「子どものできるようになる姿」が中心に書かれている　16
（2）「運動会」や「発表会」という大きな行事の存在　17
（3）保育計画の枠による書きにくさ　19
4　保育計画づくりは職員集団づくり　20
■コラム　保育計画分科会　歴史と特徴　22

第2章　保育計画の基本的な仕組みと役割——25
1　保育所保育指針等による保育計画の種類と構造的関係・役割　26
（1）全体的な計画　26
（2）指導計画　30
2　保育計画の作成義務　32
（1）長期的な計画と短期的な計画はそれぞれ一つの計画が必要　33
（2）三歳未満児の個別的な計画及び支援のための計画　35
3　保育記録と「要録」—計画の見直し（評価）にもつながる書類—　36
（1）毎日の保育記録・日誌　37
（2）「要録」—保育の過程を記録として伝える書類—　38
■コラム　九州合研は五〇周年を迎えました！　42

第3章　どう書く？　保育計画——45
1　保育計画の書式が変われば、保育が変わる!?　46
2　年間指導計画例から保育を考える—分科会運営委員からの提案—　47

3　年間指導計画を立てる七つのポイント　54
■コラム　コロナ禍の保育　66

第4章　どうする？　保育計画　69

1　自己評価はこうする　70
2　保育者の合意形成はこうする　75
3　会議はこうする　76
4　園長にお願いしたいこと！　79
5　保育計画の向こう側にあるもの　81

おわりに　82

装　幀・東海林さおり
カット・田中　せいこ

第1章 不適切な保育から考える保育の課題と保育計画

1　不適切な保育の背景にあるもの

二〇二二年度頃から、それまでは耳にすることのなかった「不適切保育」という言葉が用いられて、全国各地で起こっている「園児に対しての保育者の問題のある関わり」が報道され始めました。

具体的には「給食を食べるように約四時間にわたり強要したうえ、失禁させる」「昼寝をしない子を押さえつける」「トイレに行くことを無理強いする」など、とても信じられないような内容でした。この頃からの報道を皮切りに、この原稿を書いている二〇二四年の今なお、残念ながら同様な報道が続いています。

行政もこのような事件の一因として「配置保育士数が少ないこと」や「書類等の業務の負担が多いこと」などを問題視し、長年棚上げされてきた「保育士配置基準」に対しての限定的な補助金支給や「保育士等の負担軽減策」を打ち出してきました。

一人当たりの保育士が担当する子どもが多いことで精神的に余裕がなくなりイライラしてしまうこと、業務の多さから時間的ゆとりがなく思い通りにならない子どもに強く当たりそうになることは、保育の中に少なからず存在することは否定できません。しかし、私たちは保育のプロとして、決してそのような言動をとって良いはずはありません。

それでは、この「不適切保育」は、そのような関わりをした保育者が処罰を受け、配置基準が改善され、日常の業務が軽減されればなくなるのでしょうか？

今回、不適切な関わりをした保育者も、初めから「子どもにきつく当たってやろう」「子どもが嫌がることをしてやろう」と思っていたわけではないと思います。しかし、何かがそうさせて、冒頭に書いたような不適切な保育に至ってしまったのです。

たとえば、次に上げるような状況があったのではないでしょうか。

二歳児の昼ごはんの時間でのことです。保育者Aさんが、子どもにその日の食事を全て食べさせようと奮闘しています。その子はもう食べたくないのか眠いのかあまり食も進まず、ぐずりだしてしまいました。するとAさんは少しイライラして、「ほら！　あと一口だから頑張って」「ここまで食べたらあそんでいいから」など、どうにか完食をする方向で働きかけます。

Aさんには、「食事は残さないできれいに完食すべき」や「全部食べ切った達成感を感じてほしい」という「ちゃんとした保育」をしたいとの思いがあるのでしょう。または決められた時間までにちゃんと食べ終えて、次の仕事にスムーズに取り掛かりたいという時間的な焦りや制約もあったかもしれません。Aさんの「ちゃんとした保育」は「時間通りに」「完食させる」「保育者の思った通りにスムーズに進むこと」といえるでしょう。

では、子どもの立場からみた「ちゃんとした保育」とはどういう保育かを考えてみましょう。「まだ二歳だからその日の食欲や気分も大事にしてほしいな」「今日のおかずに苦手なものが多いから食べたくないけど、いつか食べられるようになるから待っててね」『今日の食欲に対して量が多すぎるんだよね』『朝ごはんが遅かったから、昼ごはんの時間はもう少し後がいいな』といったような気持ちを「ちゃんと」保育者に汲み取ってもらって、保育をしてほしいと思っているはずです。

だとすれば、「不適切保育」とは、おとなの「ちゃんと」を優先した結果生じるものといえます。本来、私たち保育者は子どもの視点から見た「ちゃんと」した保育を忘れてはならないのです。

2　保育に一貫性を持たせるための指導的役割を果たす「保育計画」

不適切な保育が行われていた園は、一部の保育者のひとりよがりな保育がまかり通る職場環境があったのだと思います。そして、その園には保育者に対して、不適切な行動に走らせないための指導的役割を果たすものが無かったのではないでしょうか。

指導的役割というと、どうしても保育者相互の指導を想像します。しかし、以前、九州合研の「保育計画と園の行事」分科会（以下、分科会とする）で「保育計画は保育者の拠りどころになり、自分たちの保育実践を支える指導的役割を果たすものである」と発言された人がいました。その園では指導的役割を「保育計画」が担っているとのことでした。

保育計画というと、これからの保育活動のＴＯＤＯ（やること）リストやスケジュールを立てることだと思っている保育者が多いのではないでしょうか。しかし保育計画は、次の三点が核となることを分科会で確認しています。

①目の前の子どもたちのありのままの姿を先入観なく見つめ、語り合い共有すること
②その子どもたちにどんな願いがあるのかを保育者同士で想像し確かめること
③その願いを現実とするために何をどう実践するかを考えること

つまり、保育計画を立てることによって、子どもの姿を語り合い、共有し、子どもの願いを確かめながら、実践を考えることができるのです。

しかしながら、多くの園では会議の時間を確保する難しさに悩んでいたり、語り合いにくい職員同士の関係性があったりなど、伝え合う手段や共有する手立てを取りにくいのが現状です。

また、共有の在り方は園によって異なります。これまで積み重ねられてきた歴史の中で暗黙の了解でなされているかもしれませんし、また共有されることなく一人ひとりの倫理観や保育観に委ねられているかもしれません。しかしこれでは園の保育に一貫性をもたせることができないでしょう。

保育者同士が保育を語り合うための時間の無さは、園や個人の努力だけで乗り越えられるものではありません。しかし、指導的役割をもった保育計画づくりによって、保育者が安心して保育が行えるよう、保育計画づくりの時間確保は必須課題といえるでしょう。

3　書式に見る保育計画の課題―なぜ保育計画は書きにくいのか―

保育計画は「つくるのが大変」と感じている保育者は多いと思います。その中で、「指導的役割」を果たすような保育計画はどのようにしてつくっていけば良いでしょうか。まずは一般的な保育計画を見ながら、その課題に触れていきたいと思います。

分科会の多くの参加者が「計画は作成するが、普段の保育にあまり役立っている実感はない」と言います。年間指導計画であれば年度当初、月間指導計画であれば月の変わり目に計画はするものの、その計画書はファイルに綴じられて、結局は棚の中に行き、保育をするうえでほとんど見ることはないという声が聞かれました。

なぜ、時間をかけて作成された計画書は、棚に仕舞われて、日の目をみることがないのでしょうか。

子どもの健やかな育ちを支え合うサポートネット】

地域行事（運動会、夏まつり、敬老会など）への相互参加を通して地域交流を図る。

災害、緊急時など地域関係機関との協力体制をつくり連携をとる。

園内子育て広場など地域に向けた子育て支援を実施、情報を発信する。

栄養士、看護師などの専門職員、または子どもの発達に関連する各種専門機関職との情報共有、相談の実施。

3歳0か月	3歳11か月
りのことを自分でやろうとする。 ぶなどの運動を意欲的に行う。 する喜びを知る。	○基本的な生活習慣が身につき、ほとんどひとりでできる。 ○さまざまな挨拶がわかり、自らしようとする。 ○相手の気持ちに気づき、自分との違いを認識する。

Ⅲ期（9～12月）	Ⅳ期（1～3月）
身のまわりのことができた喜びに共感し、見通しをもって生活できるようにする。 歌や曲に合わせて歌ったり踊ったりして、全身で表現することを楽しむ。	◎主体的に生活できるよう、一人ひとりの思いや考えを尊重しかかわる。 ○進級することへの期待をもち、何にでも自ら参加しようとする。
プール納め　・運動会　・健康診断 クラス懇談会　・秋の遠足　・音楽会 敬老会　・餅つき大会	・生活発表会 ・節分 ・クラス交流会（懇談会）
気温や体調に合わせて、衣服や室温を調整しながら、健康に過ごせるようにする。 自分でしようとする気持ちを大切にし、ゆっくりと見守り、意欲が膨らむようにする。	○冬期の保健衛生に留意した環境のなかで、快適で健康に過ごせるようにする。 ○自信や達成感に共感し、自分を肯定する気持ちが育まれるようにする。
制服や体操服の前後を理解しながら、自分で着替えることができるようになる。 体育的な取り組み（走る、跳ぶ、上る、など）全身を使う楽しさを味わう。 秋の自然物の収集を喜び、製作などの活動を楽しむ。 順番に並べる、同じ物を集めるなど順序性や差異がわかり区別する。 自分の見たこと、聞いたこと、思ったことを自分なりのことばで表す。 物語を理解し、登場人物になりきる等のみたてつもりあそびを楽しむ。	○1日の生活の流れがわかり、見通しをもって自ら行動する。 ○鼻水や手指の汚れに気づき、清潔にしようとする。 ○思いどおりにいかない経験を通して、譲る、待つことなどのルールを知る。 ○テーブルを拭いたり、タオルを配るなどの簡単なお手伝いをすすんで行う。 ○季節の行事や伝承あそびなどを知り、味わう。 ○友だちとことばを使って思いを伝え合い、会話を楽しむことができる。 ○はさみ切りや色ぬり、のりばりなど思いどおりに指先を使い、集中して楽しむ。

表１－１　年間指導計画（２歳児クラス）

年間目標		【育みたい子どもの姿】 ◎自分なりの表現で思いや気持ちを表し、欲求が満たされることで、安心して周囲と関わることが 　きる。 ○自分でやろうとする意欲を大切にしてもらい、保育者の援助を受け基本的生活習慣を身につける。 ○保育者や友だちとのかかわりを広げるなかで、相手の思いを聞き、自分の思いをことばにする。 ○季節に応じた環境のなかで、全身を使う運動あそびや、手指を使うあそびを十分に楽しむ。	
子どもの育つ姿		２歳０か月 ○保育者や友だちとのかかわりのなかで、自他の違いに気づく。 ○自分なりの表現で思いや欲求を他者に伝えることができる。 ○認め励まされることで、「自分でやりたい」気持ちが育つ。	２歳６か月 ○自他の物の区別がつき、身の ○好きなあそびを楽しみ、走 ○他児と一緒にあそび、思いを
期		Ⅰ期（4～5月）	Ⅱ期（6～8月）
ねらい		◎個々の生活リズムを大切にし、安心できる環境のなかで安心して過ごせるようにする。 ○おとなの援助を受けて一人でやってみようとする。	◎それぞれの思いや欲求を受けとめ、応答的関わることで、自分の気持ちを受け入れらた安心感をもてるようにする。 ○身体を十分に動かし、あそびの楽しさを他と共有する。
行事		・入園式 ・進級式 ・健康診断 ・クラス懇談会	・歯科検診 ・プール開き ・夏まつり ・保育参観
内容	養護	○一人ひとりの発達状況を把握し、生活リズムを整え、生活できるようにする。 ○不安や欲求を受けとめ、共感しながら、安心して過ごせるようにする。	○水分や適度な休息をとり、身体の清潔に配することで、快適に過ごせるようにする。 ○自分の思いを安心して表せるように、共感代弁など応答的なふれあいや言葉かけを行う（★２）
	教育	○尿意を感じた時トイレに行き、便器の前でズボンを降ろして排泄するようにする。（★１） ○友だちの存在に気づき、自分から関わってあそび、一緒に過ごす楽しさを感じる。 ○自らあそびを見つけ、保育者の仲立ちの元、友だちと一緒にあそぶ。 ○春の草花や生きものを探したり見つけたりして、身近な自然にふれる。 ○大きさや形、色などに興味をもち、その違いに気づく。 ○玩具等を使ったあとはもとの場所に片づける。 ○生活に必要なことばがわかり、挨拶や簡単な会話をする。 ○歌やリズムに合わせて身体を動かすことを楽しむ。	○手洗い、うがい、消毒、歯磨きの仕方を知り戸外あそびのあとや食事前に自分で行う。 ○自他の持ち物の違いがわかり、身のまわり始末を自分でやろうとする。 ○泥あそびや水あそびなどのあそびを思いき味わう。 ○生活の中での簡単なきまりを理解し、守りがら生活する。 ○夏の生き物や野菜などに興味をもち、飼育栽培をするなどして親しむ。 ○自分の思いやしてほしいことを、ことばでえようとする。 ○つまむ、すくう、あけ移す、押し込むなど手首指先を加減し操作する道具を巧みに使う。

○芋掘り等の体験活動を通して、収穫の喜びを感じる。 ○収穫したものを使って、簡単なクッキングを楽しむ。	○自分でお皿にもり、配膳したり、皿洗いなどの片づけを行う。 ○苦手なものでも少しずつ意欲をもち食べようとする。（★3）
○運動会、遠足、発表会、音楽会、クラス懇談など、行事を通して園の取り組みについて保護者に説明を行い、保育内容の理解を促す。 ○出来不出来ではなく、子どものありのままの育ちを保護者と共有しつつ、成長を共に喜ぶ。（特に運動会）	○次年度へ向けて、子どもの発達状況を共有し、必要に応じて子育て相談等個別の面談を行う。 ○園への要望・意見を求めるアンケート等を実施し、保護者の思いを知る。 ○進級に対する子どもと保護者の不安や期待を新旧担任間で周知し、共有する。
○運動あそびを通して多様な身体の動かし方を経験できるようにする。 ○手洗い、うがいの仕方を再度確認する。 ○用具や遊具は定期的に点検する。	○新クラスへの移動の前に動線や環境の見直しを図り、ケガや事故に注意する。

※84ページに読みとり用QRコードがあります

内容 食育	○新しい環境で友だちや保育者と一緒に楽しく食べる。 ○食事前の手洗いをする。 ○食前食後の挨拶をする。	○栽培や簡単な調理、野菜紹介などの経験を して、食材や野菜の名前に関心をもち、親 む。
共に育ち合う 子育て支援	○園便り、クラス便り、給食便りなどを配布する。 ○新入園児、その保護者への支援を心がけ、必要に応じて個別面談等を行う。 ○お便り帳を活かし、保護者との対話的関わりを作る。 ○写真や動画、エピソードなど具体的な子どもの姿をドキュメントボード等で発信する。	○連絡ツールアプリを利用し、子どもの健康 態を細やかに共有する。 ○早寝、早起き、朝ごはんなど生活のリズム 整える大切さについて学習する機会をもつ。 ○個人懇談では保育経過記録を基に、日ごろ 子どもの写真を見ながら、日常の様子を伝 る。
保健・安全への配慮	○個々の健康状態、発達段階を把握する。 ○生活の流れを知らせ、安心して過ごせるようにする。 ○人数確認は適宜実施し、担任間・園内で共有する。	○水あそびを安全に楽しく行えるよう、環境 整える。 ○皮膚疾患を早期に見つけ、感染症予防に努 る。 ○休息と水分補給をこまめに行い、熱中症対 を行う。

これから、多くの園で使われている一般的な二歳児クラスの年間指導計画の例（表1－1）を見ながら、その原因を探っていきます。

（1）年間指導計画には「子どものできるようになる姿」が中心に書かれている

この計画書には、保育の結果として「～する」「～できる」といった、子どもの姿が中心に書かれています。「この時期になるとこういう力をつけていってほしい」という保育者が望む姿や、保育の見通しを整理するにはある程度役立ちます。また、その期の計画をもとに、具体的な実践の計画を月案などの指導計画に反映させていくのだろうと思います。

しかし、この「力を獲得していく子どもの姿」が中心で構成されている保育計画は、場合によっては、「その時期にそういう姿になっているべき」といった到達目標とも捉えられがちです。窮屈な目標となり、「その時期が来たのにまだできていない」という焦りにつながり、「早くできるようにさせなきゃ」といった、成果主義の保育に陥ってしまう可能性があることも否めません。さらには先に述べた、おとなの身勝手な「ちゃんと」が優先されかねない状況が生じやすくなります。

保育歴が長い保育者ほど、経験上その違和感に気付いているため、書かないといけないのでとりあえず作成するものの、実践を行うにあたっては、この計画には有用感がもてず、結果として使いにくさを感じているのかもしれません。

指導計画をどう書けば良いかについては、第3章で検討したいと思います。

(2)「運動会」や「発表会」という大きな行事の存在

保育計画には「運動会」や「生活発表会」といった大きな「行事」が書かれています。

それぞれの園で設定する時期は違いますが、年間指導計画には必ずといっていいほど大きな行事が記載されています。それらの行事が保育目標を確認する場と位置づけられ、活動を立案する園も多いのではないでしょうか。例えば、秋に運動会を設定したとすると、その前の時期には種目づくりを行い、それに向けての活動をいかに充実させるかの計画が中心になります。

しかし一方で、「秋が来たら運動会はするもの」「一年の締めくくりとして生活発表会はするもの」と、やることありきになっていて、慣例的に実施している園もあるのではないでしょうか。また、園の伝統や恒例で行われる「鼓笛」や「竹馬」「跳び箱」などの種目は、「子どもたちができるようになって、達成感を得てほしい」という保育者の思いから出発したはずが、いつしか「みんなが高い竹馬に乗れている姿」や「昨年のように高い跳び箱を飛べる姿」を見せたいという、おとなの強い期待に応えることが優先された保育になっているのではありませんか?

さらには、種目の出来不出来や当日の子どもの姿に対しての評価や反省は行っても、「運動会をなぜするのか?」「生活発表会は子どもの育ちにとって不可欠なのか?」という本質的な議論はなされていないことが多いのです。

本来、おとなが望んでいるのは「高い竹馬に乗っている姿」ではなくて、「子どもが一生懸命に何かに取り組んでいる姿」です。だとすれば、その姿は「運動会」の中の「特定の種目」でなければ確認できないのでしょうか。そうではないはずです。大きな行事でなくても、それらの懸命に何かに取り組む姿は、日常の生活やあそびの中にあるでしょう。もちろん行事という特別な日だからこそ、忙しい保護者も仕事を休んで来園しようと思う機会になることは確かです。そのためか、いつの間にか「予想を超えた成果を当日に見せられるように」「保護者が子どもたちの成長に驚き喜んでくれるように」という、保護者の期待に応えることが、行事の目的になっていることはありませんか？

「行事には伝統という名の魔物がいる」と分科会で話題になったことがありました。参加者の一人が、「年間計画の中に伝統的に行っている大きな行事があると、それだけでその時期の保育は、子どもの気持ちが置いてきぼりになりがちで、行事に向かう時間は、「見た目の成功」を重要視して過ごさせてしまう危険性がある」というのです。みなさんの中にも同じように感じたことがある方もいるかもしれません。

行事そのものを否定しているのではありません。大きな行事の経験によって子どもが育つ場合もあります。これまでの分科会でも、行事は非日常の世界を子どもに開き、子どもの可能性を引き出すような、素晴らしい運動会や発表会の実践がたくさんありました。

しかし、「みんなができるようになるためだけ」を求めて行われる繰り返しの練習や「保護者の期待に沿った形を整えるためにだけ」頑張るといった、子どものねがいよりもおとなの都合が優先される実践が行われているとすれば、行事の在り方を振り返らないといけません。そして、それは今がチャンスといえるでしょう。なぜなら、私たちはコロナ禍を経験し、「もう今まで通りの行事でなくていいのかも」ということに気付いているからです。

（3）保育計画の枠による書きにくさ

この年間計画（表1−1）を見ると、横軸は四期に分けられ、縦軸は養護や教育、そして食育計画等で構成されています。多くの園でこのような書式が使われていると思います。一つひとつの枠は空白にしておくわけにもいかないので、過去の指導計画や保育雑誌等を参考にしながら、とにかく枠を埋めることに苦労した経験はないでしょうか。

では、どうすれば書きやすく、実践に活かしやすくなるのでしょう。

例えば、時期が決まっている行事や、園で固定している具体的な活動予定、季節的な考慮が必要な項目は、期などの時間軸で分けられているほうが書きやすいと思いますが、一年を通して大切にすることや計画することとは、枠が無いほうが圧倒的に書きやすいと思います。（3章表3−1参照）

Ⅰ期の教育を見てみましょう。［尿意を感じた時トイレに行き、便器の前でズボンを降ろして排泄するようにする］（★1）と書かれています。この記述は必ずしも二歳児のⅠ期の計画に限ったものではないはずです。二歳児クラスのⅠ期には二歳になったばかりの子もいれば三歳になっている子もいます。その月齢の幅が大きいクラスの子たちにこのような計画を記述することは実態に合っているとはいえません。

子どもの実態にそぐわない計画は、計画書に書いてあるが故に保育者に「ちゃんと計画通りにしないと」という気持ちを誘発するかもしれません。子どもの排泄の自立のタイミングで、保育者の適切な援助があって「できるようになること」は確かに大切です。しかし、個人差が大きく、本来は時期を見極めて進めるべき排泄の自立を、「期（ある定まった時期）」で定めてしまって計画書に記述することは、無理があるといえるでしょう。

それ以外にもⅡ期の養護には［自分の思いを安心して表せるように、共感や代弁など応答的なふれあいや言葉かけを行う」(★2)とあり、Ⅳ期の食育には「苦手なものでも少しずつ意欲をもち食べようとする」(★3)とあります。必ずしもその期に限って計画することではないことが多く記載されていると感じませんか。

ここで確認したいのは、こうなってしまうのは、決して保育者が悪いわけではないということです。書き手が未熟だからとか、立案の工夫がないからというわけではなく、「枠組みの問題」だといえます。枠組みの作り方によっては、子ども一人ひとりの育ちのタイミングの視点を欠いた計画になる危険性が生じます。一年間(横軸)のどの時期に、何をどう育むのか(縦軸)という、まるで小学校以上の授業計画のようなものとなり、就学前の子どもの育ちに寄り添った計画にはなりえないのです。書式を埋めるための保育計画づくりにならないために、既存のものをどう使うかを超えて、園の保育に合った書式について検討してみてはどうでしょう。

4 保育計画づくりは職員集団づくり

保育計画の書式についての課題を挙げてきましたが、保育計画は書式だけを検討すれば、実践に活かされる、指導的役割を持った良いものができるわけではありません。

改めて記載しますが、保育計画の核は、①目の前の子どもたちのそのままの姿を先入観なく見つめ、語り合い共有すること、②その子どもたちにどんな願いがあるのかを保育者同士で想像し確かめること、③その願いを現実とするために何をどう実践するかを考えること、です。

この核に立ち返って、それぞれの園の保育計画を見てみてください。そうするとこれまで使っていた保育計画の課題が見えて、「もう少しここを変えてみようかな?」「もっと子どもの姿が想像できるように具体的に書いてみようかな?」という計画書づくりの工夫の可能性を感じるのではないかと思います。

計画作成は、「目の前の子どもの姿に何を思うか」から出発します。「なんで食べないの」という「困り感」や、「食べたがらないあの姿をどう思う?」という「疑問」を伝え合うことで、「どうして食べたくないんだろうね?」「あの子たちは食事についてどう思っているんだろうね?」という子どもの理解が深まり、そこから「私たち保育者はどうすればいいのだろうね」という、新たな手立てを探る営みへと考えが展開していくのです。その語り合いの中で、「完食は目指さなくていいよね」という意見も出れば、「でも完食するのも大事じゃない?」という意見も出ます。どちらかが正解でどちらかが不正解という考え方をするのではなく、他の保育者の考えと重ね合わせて検討し合うことが、まず大切なのです。

二〇年以上前の「表にならない保育計画」(熊本・さくらんぼ保育園)の実践が分科会の中で話題になりました。「借り物でない保育計画を作ろう!」と、全職員で子どもの姿を語り合い、何度も何度も計画書を書き換えてきたという提案でした。その中で話されたことは、「長年の取り組みの結果できあがったものは、『完成した保育計画』ではなく、『保育の希望を語り合える職員集団』であった」ということでした。つまり、保育計画づくりは、職員集団づくりだというのです。

私たちがつくらなければならないものは、絵に描いた餅でもなく、立派に見えるものでもなく、ましてや形だけが整えられ枠を埋めただけのおざなりなものでもない、子どもの今の姿を捉え、そこに生き生きと園生活を送る子どもとおとなの姿が見えてくる、そういう生きている「保育計画」なのです。

(吾孫子　幹)

コラム

■保育計画分科会　歴史と特徴

川越　公代
建川　裕子

九州合研の分科会は、一九七〇年「集団づくり」と「保育運動」の二分科会で始まった。一九七三年第三回に「乳児保育」が加わり、その後参加人数の増加と参加者の要求で分科会は細分化されていった。そうした経過の中「集団づくり」の理論と実践を深めるものとして「保育計画」「園の行事」「クラス集団づくり」と分化され、一九八四年第一五回長崎集会で現在の分科会の名称である「保育計画と園の行事」となった。

この分科会の成り立ちから、自主的な保育計画の作成や園の行事の計画実施にあたっては「集団づくり」の視点が不可欠であるとして、田代高英さんのミニ講座が継続された。

その後、保育計画の自主編成の意義やそのための行事のあり方についての討議が深められ、各園の保育計画（未完成でも試案でもよい）を持ち寄り、子どもの発達を保障するという観点に立って実践を深めようと課題が話し合われた。

分科会提案は「園の行事」に関するものが多く、保育計画そのものの提案は稀だったが、保育計画の提案が出された集会は参加者も多くなり、保育者のニーズが感じられるものであった。一方、提案の中からは「以前から立派な表はあるが、活用されていない」「用語の意味を理解できないところがある」など、さまざまな現場の声が聞かれ、新たな課題もでてきた。

一九九七年第二八回には、新しい保育所保育指針の問題点が提起され、保育計画、指導計画の討議が深められた。一方で、提案と討議を通して保育計画を集団的に作り上げていくことの大切さは確認されるものの、フロアーからは「参加してたくさんの学びはあるが、現場に戻ると保育者集団で討論するのが難しい」などの悩みなども出された。また、提案数の確保が難しいという分科会運営の課題もあった。しかし、少ない提案を丁寧に討議し、参加者が少ないからこそ、発言回数も増え、議論も活発になり、深く学べたと感じる分科会運営となっていった。近年では、自主的な保育計画づくりに取り組んだ保育園から継続提案があったり、フロアーとの討議が活発になったりするなど、変化が見られている。

私たちは「すぐ役立つことを学びたい」という気持ちが否めない。それは、保育現場の厳しい状況が背景にあり、すぐに使える手立てを知りたいと考える現場の切実さも理解できる。しかし、保育とは時間をかけて積み上げることが求められる営みであろう。だとするなら、保育者集団が語り合いながら、保育の明日を考える「保育計画」を真ん中に、時間をかけて語り合える学びの場として、保育情勢が厳しい今だからこそ、本分科会の役割は大きいのではないだろうか。

第2章 保育計画の基本的な仕組みと役割

1　保育所保育指針等による保育計画の種類と構造的関係・役割

「あなたが勤める園はどんな園ですか？」こう尋ねられたとき、どのように答えますか。「子どもたちは園でどのような毎日を過ごしますか？」「どんな行事がありますか？」「なぜその保育方法を取り入れているのですか？」「子どもたちに対して何を大事にしながら保育をしていますか？」これらの答えを文字にして書き表したものが、保育計画です。

園ではさまざまな保育計画を作成する必要があります。表2－1に各園で作成が必要な保育計画を挙げています。保育所、幼保連携型認定こども園、幼稚園では、計画の名称と必要な計画の種類が若干異なります。本章では、保育所保育指針（以下、指針とする）における各計画の名称を用いて、特に保育に直結する①全体的な計画、②指導計画（長期・短期）について取り上げます。

(1)　全体的な計画

①保育の根幹である全体的な計画

みなさんは「全体的な計画」(2)をご存知ですか？　知らないという方もいらっしゃるかもしれません。指針の解説書には「子どもの最善の利益の保証を第一義とする保育所保育の根幹を示すもの」として全体的な計画を説明しています。保育の根幹になるわけですから、各園で必ず作らなければならない書類ですので、園に「無い」ということはありえません。しかし、園長だけで作成し、実際に保育を行っている保育者が知らない

表２－１　各就学前保育施設において作成が必要とされる主な保育計画と要録

※各名称は、2017年告示の指針・要領等(1)に示されている表記を基準に記載

	保育所	幼保連携型認定こども園	幼稚園
園全体	・全体的な計画	・教育及び保育の内容並びに子育ての支援等に関する全体的な計画	・教育課程 ・全体的な計画
指導計画	・長期的な指導計画（年、期、月）	・年、学期、月などにわたる長期の指導計画	・年、学期、月などにわたる長期の指導計画
	・短期的な指導計画（週、日）	・週、日などの短期の指導計画	・週、日などの短期の指導計画
	・３歳未満児の個別的な計画（＝個別の指導計画）★	・満３歳未満の園児⇒個別的な計画	−
	・支援のための計画（＝特別な配慮を必要とする子どもの個別の指導計画）★	・障害のある園児など⇒個別の教育及び保育支援計画	・障害のある幼児など⇒個別の教育支援計画や個別の指導計画
その他の計画	・食育計画	・食育の計画	−
	−	−	・教育時間の終了後に行う教育活動の計画
	・保健計画	・学校保健計画	・学校保健計画
	−	・学校安全計画	・学校安全計画
	・避難訓練計画	・避難訓練計画	−
	・職員の研修計画	−	−
要録	・保育所児童保育要録	・幼保連携型認定こども園園児指導要録	・幼稚園幼児指導要録

★保育所保育指針解説書に記載される名称

ということが、実は多々あるようです。

みなさんが園に就職する際、「どんな園かな？　あそびを積極的に取り入れている園かな？　習いごとが多い園かな？」など、自分が抱く保育観に合う園かどうかを、園見学や実習等で確認し、採用試験を受ける判断をされたと思います。その「どのような園か、どのような保育方針で保育を行っているか」を文章で示したものが「全体的な計画」と言えます。

「保育方針やどんな保育をするかは、仕事をしながら分かったから、今さら全体的な

計画の書類を見る必要はない」とは考えないでください。「全体的な計画」は、園に入園している子どもや、その保護者に対する「こういう保育を通して、私たちは子どもの最善の利益を保障します」という約束のメッセージでもあります。そのため、発信しているメッセージを自分で確認もせずに〝いつの間にか約束しちゃっていた〟ことがないようにしなければなりません。自園の「全体的な計画」を見たことが無いという方は、この機会に内容を確認してみてください。

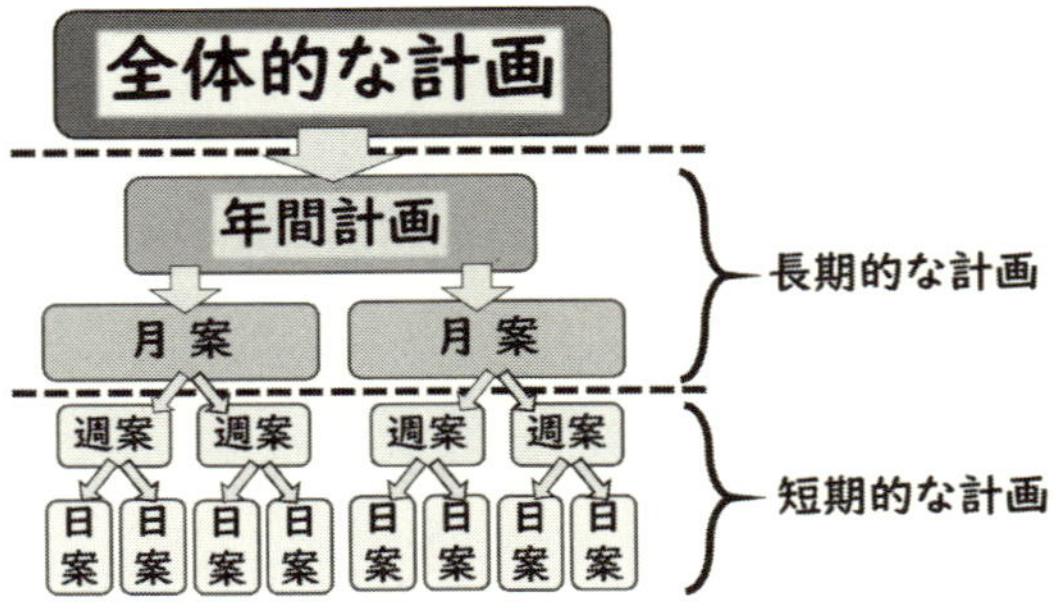

図２－１　主な保育計画の構造

②「園の憲法」である全体的な計画

「全体的な計画」は園の方針を示すものですから、図2−1に示すように、各種保育計画のなかでも最上段に位置します。この園ではこういう保育をするよ、子どもたちのこれを大事にしたいよね、保護者支援ではこれを大事にするよ、など「保育理念（園の理念）」や「方針」、「目標」などを全職員で確認し合って各種保育計画の最上段に掲げる、いわば「園の憲法」です。

『憲法と保育』の著者である川口創氏は、憲法で一番大事なのは「個人の尊厳」だと主張しています。さらに保育者が保育において一人ひとりをかけがえのない存在として大切にすることは、憲法における「個人の尊厳」と同義であり、「『保育の実践』は『憲法実践』そのもの」[3]とも述べています。保育者はすべての子どもとその家族を大事にします。大事にするために「このようなことを園全体・職員みんなで認識し、取り組みます」という宣言を文章で記したものが「全体的な計画」です。大事な揺るがない園の在り方なのです。

生命への不安がなく安心した生活を国民が得るために、憲法は個人の尊厳を第一に掲げ、確固たる安定性を備えたものでなければなりません。園生活においても、一人ひとりの尊厳を第一に考えた、揺るがない全体的な計画が最上段にあることで、その他の各種保育計画も園の保育方針等をベースに検討・作成でき、子どもと保護者、職員もみんなが安心した園生活を送ることができるわけです。

また、保育所保育指針解説書には、「全体的な計画は施設長の責任の下に作成されるものであるが、全職員が参画し、共通理解と協力体制の下に創意工夫して作成することが重要である。各保育所の保育の全体像が職員間で共有され、それに基づいて保育が展開されていくことは、保育の質の向上を組織的に図っていくことにつながる」(4)と記されています。

園の保育の中心は、園長や主任個人の意思ではなく、園の職員みんなで確認し納得した上で掲げている全体的な計画です。園長が一人で勝手に作ったり、主任の考えが変わったからと、勝手に内容を書き変えたりすることはできないのです。もし、「園の保育方針を変更したい」「時代の変化に伴ってこういう保育をする園に変えたい」という意見が園内で出た場合は、園長を含む職員全員で意見を出し合い、合意形成を図ったうえで新たな全体的な計画を作成しなければなりません。国の憲法が国民の合意を得ずに自分勝手に変えられないのと同様に、全体的な計画も、園の職員による合意無く変更できるものではない、園にとって重要な根幹を記すものなのです。

（２）指導計画

①長期的な指導計画（年案・期案・月案）

長期的な指導計画とは、全体的な計画で示された園の方針や目標を達成するために、その年度の各クラスの子どもや保育者の状況を考慮しながら、年間・期間・月間などの長期の見通しを持って、その間の子どもの生活や育ちの姿、保育内容や支援を書くものです。

年度ごとに新しく計画を作成しますが、園の立地条件や周辺環境、保育室の広さ、園児数や職員数、各年齢の一般的な育ちの姿は、毎年大きく変わるものではありません。それらの条件に大きな変更がなければ、年間指導計画や月案も前年度から大幅に変更する必要はありません。ただし、保育環境や子どもの年齢構成は同じであっても、在籍する子ども一人ひとりは当然違います。担当する保育者も異なります。子どもと担任が違えば、得意なことと不得意なこと、興味関心はもちろん変化します。この、前年度とは違う部分を大事にしながら、「今年はこんな一年を子どもたちと過ごせたらいいよね」「担任としてこういうことを子どもたちと大事にして過ごしたい」というイメージを持って作成します。

年間指導計画は年度当初に作成します。そのため、年度が進むと当初の計画（イメージ）とは少し違う子どもの姿や今年のクラスの特色が次第に見えてくるかもしれません。その際は、計画に縛られるのではなく計画を修正しましょう。月案が年間計画と別にある園は、特に月案を作成する際に、クラスの特色に何色を足したら（もしくは何色を削ったら）、クラスの子どもたちと担任保育者がもっと好きな色になるか、想像しながら色を加減してみてください。年度途中の変更があって良いわけです。

②短期的な指導計画（週案・日案）

週案・日案は、この一週間・一日でどんなことを楽しみ、過ごしてくれるだろうかと考え、書いていきます。予想すべき期間が短いため、長期計画よりも、子どもの姿や活動の展開をイメージしやすい状態で記入することができます。

図2－1を見るとわかるように、週案・日案は、長期的な指導計画が枝分かれした先にあります。一週間やその日の活動は、計画通りにいかないことが多くあります。例えば天気。散歩を予定していたけれども雨が降ったから明日に変更しようということはよくあることです。他にも、その時の子どもの思いや状況、保育者の考えや勤務体制も影響します。このように、保育計画の種類が短期になるほど、その内容は変化しやすく、その都度、計画変更をすることになります。

それならば計画は無くてもいいのでは？と思うかもしれませんが、そうではありません。無計画にその日を過ごすことと一定の予測を立てて計画を変更することは違います。活動のすべてを子ども任せにするのではなく、子どもの活動や姿を予想することで、保育者は必要な物品を備え、環境の設定ができるようになります。「○○ちゃん(5)はきっとこれに気付くだろう。○○ちゃんは○○ちゃんと、こういう あそび方をするんじゃないかな。○○ちゃんは苦手だから、これも準備しておこう」など、一人ひとりの子どもの姿はもちろん、日々の保育が連続性を持てるように、保育者が予想しておくことで、子どもは、あそびをより楽しむことができます。

一方で、保育者の予想を超えてあそびが展開される場合もあります。その時は、臨機応変に保育者がアイディアを出したり、子どもと一緒に考えたりすることも必要になります。保育者の予想を超えた展開は、保育者の子どもたちの姿への新たな気付きになります。そのため、計画通りにいかなくても、子どもの現状を優先し

「まぁいっか」のいい加減さがあって良いと考えられます。あくまでも良い加減。「適当」とは異なります。

たとえば、散歩に行く計画をしている二歳児クラス。やっとみんなが靴を履き終えて園庭に出て、担任が「さぁしゅっぱーつ」と言うや否や、二歳児の目には園庭で大はしゃぎで泥んこあそびをしている四歳児が映りました。二歳児たちは、「わたしも！わたしも！」と指を差します。既に泥に向かって走り出している子もいます。散歩よりも泥んこあそびに関心が移りました。その時「そうか、ならば今日は泥んこあそびにしようか」と保育者がゆとりを持って変更します。

このような「まぁいっか」が、週案・日案にはあって良いのです。ただし「まぁいっか」を実施するには、クラス担任同士の意思疎通が必要です。一方で「おさんぽがいい！」と言う子もいます。できることなら、園庭であそぶ子とお散歩に行く子とを分けたいと保育者は考えます。そのためには、ふた手に分かれて二歳児クラスの活動を行うことになります。これを可能にするのが「クラスの子はクラス内だけであそぶこと。突然の変更は他のクラスの迷惑になるからしないように」という意識を越えた保育です。「クラス内だけ」「迷惑になる」といった考えが園内に根付いてしまっていると、変更したくても難しくなってしまいます。

とはいえ、変更ばかりだと戸惑う子もいます。日案を変更した場合、可能であれば子どもが見通しを持ちやすい数日間内で調整を図る（月曜日の予定を木曜日に移動させるなど）と良いでしょう。

2　保育計画の作成義務

全体的な計画はもとより、指導計画も作成が必須です。指針には、年間計画と月案は「長期的な計画」として、週案と日案は「短期的な計画」として作成することが必須と書いてあります。ここでは主な指導計画の作成義務についてお伝えします。

（1）長期的な計画と短期的な計画はそれぞれ一つの計画が必要

みなさんの園では、年間計画・月案・週案・日案の四種類のうち、どの計画を作成していますか？　四種類全てを作成している園はありませんか？　日案は週案と合わせて「週・日案」として作成している園は多いようですが、年間・月間・週日案の三つを「書類が大変！」と言いながら全部を作成していませんか。

二〇二三年五月にこども家庭庁から、保育計画作成の負担軽減に関する通知(6)が出されました（表2－2参照）。この通知では、「指導計画については（中略）、長期・短期の2種類の計画を（中略）作成いただきたいこと。例えば、年単位、期単位、月単位、週単位、日単位の計画を個別に作成する必要があるものではない」と明記されました。

指針・要領等には、年間・月案・週案・日案と四つの計画名称が示されているため、四種類の計画を作成しなければならないと捉えがちですが、指針・要領等にも「四つ全てを書くように」という指示はありません。「長期的な計画」と「短期的な計画」の作成が必要であるため、長期的な計画として年間計画を一つ、短期的な計画として週案を一つ、合わせて二つなど、園でどの計画を作成するのか考えて決めて良いのです(7)。

「保育を支えるための書類」として、どの保育計画が活用しやすいかを、園で検討することが必要です。長期的な計画としては何を、短期的な計画としては何を作成するのか。年間計画と月案とどちらかでも良いけれどもやはり自分の園では両方必要と考えるのか、年間計画だけでいいと考えるのか、園内で話し合う必要もあ

表2－2　こども家庭庁（2023）「昨年来の保育所等における不適切事案を踏まえた今後の対策について（令和5年5月12日付通知）別紙１」(8)より抜粋

③保育士等の負担軽減策（運用上で見直し・工夫が考えられる事項の周知）

○　**保育士等の負担軽減の観点から、運用上で見直し・工夫が考えられる以下のような事項について周知**を図る。

項目	周知内容
指導計画の作成	・指導計画については、保育所保育指針解説等に則り、こどもの実態等を踏まえて、長期・短期の２種類の計画をそれぞれの園の実情に応じ、創意工夫を図りながら作成いただきたいこと。例えば、年単位、期単位、月単位、週単位、日単位の計画を個別に作成する必要があるものではない。 ・自治体においても、保育所等への指導等を行うに際し、こうした点を了知いただきたいこと。 ※保育所保育指針解説においては、①年・数ヶ月単位の期・月など長期的な見通しを示す指導計画と、②それを基に更にこどもの生活に即した週・日などの短期的な予測を示す指導計画の２種類の計画を作成するよう示している。
児童の記録に関する書類等の見直し	・種類が異なる複数の資料に重複する内容が多く含まれている場合があることから、記載内容が重複している項目を洗い出し、可能なものは同一の様式とするなど、それぞれの園の実情に応じた見直しを行っていただきたいこと。 ※「保育分野の業務負担軽減・業務の再構築のためのガイドライン」（令和３年３月）においては、最低限記載することが望ましい項目を整理し、児童票等の参考様式を示している。
働き方の見直し、業務内容の改善	・保育する上で本当に必要な業務を精選し、会議を短時間で効果的なものとする工夫や業務の配分の「ムラ」の改善など、働き方の見直しに取り組んでいただきたいこと。 ・行事については、こどもの日常の生活に変化と潤いがもてるよう、日々の保育の流れに配慮した上で、ねらいと内容を考えて実施することが重要。恒常的に企画や準備のための残業や持ち帰り作業等が生じている場合等には、それぞれの園の実情やねらいに照らし、準備等の業務の改善に取り組んでいただきたいこと。 ※「保育分野の業務負担軽減・業務の再構築のためのガイドライン」（令和３年３月）においては、保育士等の業務内容のタイムマネジメントや、業務の配分の偏りなどの「ムラ」のリストアップといったアプローチの方法を例示している。

○　あわせて、**保育所等における日々の保育実践の改善を図るため、巡回支援事業の活用とともに、「幼児教育推進体制を活用した地域の幼児教育の質向上強化事業」により配置されている幼児教育アドバイザーとの積極的な連携を図るよう周知**を図る。

※「巡回支援事業」：若手保育士への巡回支援、勤務環境の改善に関する助言等を行うための保育事業者支援コンサルタントによる巡回支援、自己評価等の充実による保育の質の確保・向上を図るための保育実践充実コーディネーターによる巡回支援等

※「幼児教育推進体制を活用した地域の幼児教育の質向上強化事業」：一定の要件を満たす都道府県又は市区町村が、幼児教育アドバイザーの配置及びそれらを活用した研修支援等の事業を行う場合、その経費の一部を補助し、もって幼児教育の質の向上を図ることを目的とする事業。

※「幼児教育アドバイザー」：幼児教育の専門的な知見や豊富な実践経験を有し、域内の幼児教育施設等への訪問支援等を通じて、教育内容や指導方法、環境の改善等について助言等を行う者を指す。

ります。どちらが正しいということはありません。どの保育計画が、自分たちの園の保育を支えるための書類として有効なのかを吟味し、判断することが大切なのです。

（2）三歳未満児の個別的な計画及び支援のための計画

保育計画には「三歳未満児の個別的な計画」もあります。これも作成が必須です。さてみなさんはこの個別的な計画をいつまで作成していますか？　二歳児クラスの子どもたち全員分を年度末の三月まで作成している園が多いのではないでしょうか。

厚生労働省による「保育所保育指針Q＆A」には、三歳未満児の個別的な計画の作成について「心身の未熟性の高い乳児をはじめ、個人差の大きい三歳未満の子ども」に対し、「個別的な計画を立てるなどの必要な配慮をすること」(9)が示されていますが、実は個別の指導計画の対象は三歳未満の子どもです。クラスを対象にしていません。つまり、三歳の誕生日を迎えた子は、その時点で作成しなくて良いのです(10)。

しかし、時には「この子にはまだ個別的な計画を作って、より丁寧に理解した保育が必要」と判断することもあると思います。例えば、二歳児クラスにいるAちゃん。担任は他の子に比べてAちゃんが園で保育者とあまり会話をしようとしない姿が気になっています。全く会話が無いわけではありませんが、保護者は「家では保育園で○○をした、○○ちゃんがね、○○先生とね…とたくさん話しますよ」と、園での様子にむしろ驚かれます。会話が少ないのは園生活だけのようです。三歳児健診も問題無し。担任保育者は悩みます。そこで、Aちゃんとのコミュニケーションを会話に限定せず、Aちゃんが好きなぬいぐるみや絵を使ったやり取りを楽しむことにしました。

保育計画は、情報共有のための書類でもあります。Aちゃんは既に三歳を迎えていますが個別的な計画を作り、担任がいないときに代わりに入った保育者がその計画を見て、Aちゃんとの関わりにはこういう工夫が必要だと理解し実施してくれたら、担任が不在の時でもAちゃんは安心して過ごせます。このように、担任以外が関わるときにも、その子に特化した配慮を必要とする子どもに対しては、支援の情報を共有するためにも個別的な計画をつくっておくと良いと思われます。個別の対応を続けたことで、Aちゃんが三歳半を過ぎた頃には、笑顔で自分から保育者とも話すようになりました。その時、個別的な計画は「今後は作成しなくてよい」と判断できます。

類似するものとして、「支援のための計画」（＝特別な配慮を必要とする子どもの個別の指導計画）があります。既に何らかの障がいの診断を受けている子どもだけでなく、さまざまな発達上の課題など特別な配慮を必要とする子どもの支援に関する計画です。

この計画も、三歳未満児の個別的な計画と同様に、担任同士はもちろん他の職員も必要な支援を理解して該当の子どもに関わるために作成します。各自治体の制度を利用した加配保育がつく子どもの場合、支援のための計画の作成が必須とされることがあります。その場合、保護者の思いや、場合によっては並行通園している療育機関とも連携しながら、園における計画を作成します。

3　保育記録と「要録」(11)――計画の見直し（評価）にもつながる書類――

保育の記録にも保育計画同様、複数種類があります。それらの記録は子どもの育ちに関する記録の集大成である「要録」につながります。

（1）毎日の保育記録・日誌

子どもの姿をもとに計画を立てるときに、大事な役割を担ってくれるのが、保育日誌などみなさんの毎日の保育記録です。毎日の記録、どのくらいの分量を書いていますか？

各自治体が提示する必要最低限の記録があれば、監査の基準はクリアできます。例えば、九州内B県保育協会が提示する「保育日誌」様式を見ると、〇・一歳児は「日付・天気／活動の実際／養護の反省／環境構成と援助活動の評価・反省／特記事項／欠席とその理由／健康観察」の七項目です。二歳以上児は「日付・天気／欠席児と理由／行事／活動の実際／個人の記録／発病事故記録／その他」の七項目です。自治体が求める項目が記載されていれば十分ですので、数ページを用いて、「このあそびの時間に子どもがこういう姿を見せてそれに対して担任がこういう関わりをした。その結果このようであった云々」と記すことは厳密にいうと不要なのです。

ならば毎日の記録は最低限のことを書くだけでいいじゃないかと思うかもしれません。ただし、最低限の記録項目だけでは、自分たちの保育を丁寧に見直すには至りにくい弱点があります。最低限の記録のプラスαとして自分たちの保育のために、どのようなことを記録として残すと良いかは、各園で考える必要があります。

保育日誌や場面記録等々に、みなさんは子どもや保育者のありのままの様子（＝実践）を記録していると思います。実践を記録にすることで、保育の最中には気づかなかった、子どもの思いや姿、保育者自身の関わりを客観的に見ようとすることができます。「今日は皆〇〇に興味津々だったな」「あの時、Cちゃんは何を私に伝えたかったのだろう」「最近、行事の練習ばかりで、みんなが疲れている気がする。私も焦ってイライラしていたかもしれない」など、自分の保育の振り返りをします（＝保育の記録と自己評価）。

振り返りをもとに「じゃあどうしようか」と、保育の新たな手立てを考えます（＝保育計画）。他の職員に相談し助言を得ることもできます。日々の記録をまとめ、九州合研等の場で実践提案し、他の園の保育者からも広く助言や意見をもらって深める園もあります。

実践し、その記録をもとに自己評価を行い、明日の保育、来週・来月・次年度の保育をどうするか計画する。「実践・記録・評価・計画」は大事なセットです。保育は、実践が先か計画を立てることが先かは断言できるものではありませんが、この四つが毎日の保育実践の車輪になっていると考えて良いでしょう。年度初めは、子どもの姿を充分に捉えられないうちから計画を書かざるを得ないこともあると思います。引継ぎも兼ねて前年度の担任の記録を見せてもらうことも、計画のヒントになります。

ただし、保育記録の作成で注意してほしいのは、日々の記録が保育者の負担になり過ぎてはいけないということです。丁寧な記録も大事です。けれども丁寧にし過ぎるあまり、記録を書くことそのものが保育者の業務負担になり過ぎては本末転倒です。毎日もしくは定期的に書いているけれども、結局一度も保育の見直しには活用されずに溜まっている記録が、みなさんの園内にありませんか？それはもしかしたら不要な記録かもしれません。

（2）「要録」—保育の過程を記録として伝える書類—

ここで「要録」について触れておきます。「要録」は、園の保育方針に基づいて作られた保育計画のなかで、その子がどのように育ってきたのかを記す、保育記録の一つでもあります。作成した「要録」は、一人ひとりの子どもの就学予定の小学校に必ず送付しなければならない大切な書類です。小学校の教員が内容を見て、小学校での指導（小学校における指導計画）に生かす目的があります。

また、「要録」は、子ども一人ひとりに対する保育の過程やその結果の子どもの姿を書き記すものです。単に「○○が好き、○○ができるようになった」と結果だけを書いても、小学校の教員にはその子にどのような指導をすると良いのかが伝わりません。子どもの姿だけでなく、保育者が保育のなかでその子に対しどのような関わりを大事にし、工夫したか等を書きます。

例えば、あそびのなかで、つい「自分がする」と意気込んで友だちとトラブルになり、保育者が頻繁に仲介に入るD児がいたとします。「要録」に「自己主張が強く友だちとトラブルになることが多かった」等のマイナスな表現で記載することはしません。「要録」は、保護者から要望があった場合は保護者も読むことができます。何より、D児とまだ会ったことが無い小学校の教員が「どんな子かな?」と読むものです。誰が読んでも偏見や誤解を与えない文章で記載することが大切です。D児なりの意思表示であることを受け止め、「熱中すると自己主張が強くなることもあるが、保育者から〝○○ちゃんが困っているよ〟等の言葉をかけ気付かせることで、自ら気持ちを立て直し、友だちとじっくりあそぶことができる」と書くほうが、育ちの姿も保育者の関わり方の工夫も伝わります。

保育者が大切にその子を思い、寄り添ってきたことによって、園生活で得た育ちの姿を、小学校の教員にも「要録」という記録の形で伝えます。みなさんが見守ってきた子どもの育ちを、どうか小学校での指導計画につなげてほしいと願って書きたいものです。

本章では、保育計画の基本的な役割を見てきました。全体的な計画は、園の理念・方針・目標といった大事にすること・見たい子どもの姿などを含めて、その園で行われている保育の全てが書かれているものです。全体的な計画を根幹に、その他の各指導計画が作成されることをお伝えしてきました。

各計画が、子どもたちに「これができるように」「あれができるように」という成果主義的な目的ばかりになると、子どもも保育者も辛くなります。子どもたちが、園での毎日を楽しく安心して過ごせるような目標が掲げられていると、子どもを「できる」ようになるまで追い込んでしまうことなく、子どもにとっての楽しさや、安心を大切にする保育を考えることにつながるのではないでしょうか。

保育計画や記録は、たくさんあればいいものではありません。子どもの姿で心配なことがあったり、行事をするうえでの課題があったりする際、それらを乗り越えるために計画を作成したり記録に書き出したりします。けれども作成後に、本当に必要なものか時期を見て取捨選択をしない限り、一度つくったものがそのまま残り続け、作成する計画や記録が右肩上がりにどんどん増えていくだけになります。

そうなった結果、保育者の負担や疲労感だけが蓄積され、実践の質は上がらないことがあります。書類の量と実践の質は比例しないこともあります。まずは、いま何種類の計画をつくり、何種類の記録を書いているのかリストアップしてみましょう。その中で自治体監査として絶対に必要なものは残す。それ以外の計画と記録は、なぜ書いているのか、自分の園にとって本当に必要かどうか、園長のリードの下、みんなで話してみる機会を園内研修等の時間に取り入れてみてはいかがでしょう。意見を出し合うだけでも、自園の保育計画や記録について、自分たちの思いや疑問を共有するきっかけにもなるはずです。

（上原　真幸）

【注】

（1）保育所保育指針、幼保連携型認定こども園教育・保育要領、幼稚園教育要領の三つの指針・要領を意味しています。

（2）幼稚園教育要領では「教育課程」、幼保連携型認定こども園教育・保育要領では「教育及び保育の内容並びに子育ての支援等に関する全体的な計画」にあたります。

（3）川口創・平松知子（二〇一七）『保育と憲法―個人の尊厳ってこれだ！』大月書店、p.3

（4）厚生労働省（二〇一八）「保育所保育指針解説（平成三〇年二月）」p.47

（5）ジェンダー等の観点から敬称を「さん」にすべきところですが、ここでは、記載している人物が子どものことだと分かるようにするために「ちゃん」を使用しています。

（6）この通知の背景には、保育施設における「不適切保育」のニュースが全国的に報道され始めた事実があります。不適切な保育の対策の一つとして「保育士等の負担軽減策」が示され、指導計画についても触れられています。

（7）こども家庭庁の方針はここに述べた通りです。しかし、市町村によっては作成すべき計画を独自に細かに指定している場合があります。必ず各自治体の監査担当部署にも確認をしてください。万が一、自治体側から「四つ全てを記入すること」という指示が出た場合、こども家庭庁から出された方針では二種類で良いと明示されていることを伝え、検討してもらえるようお願いをしてみても良いでしょう。

（8）こども家庭庁（二〇二三）「昨年来の保育所等における不適切事案を踏まえた今後の対策について（令和五年五月一二日付通知）別紙1」https://www.cfa.go.jp/assets/contents/node/basic_page/field_ref_resources/e4b817c9-5282-4ccc-b0d5-ce15d7b5018c/bb59eec8/20230512_policies_hoiku_2.pdf（情報取得：2024/02/06）

（9）厚生労働省雇用均等・児童家庭局保育課「改訂保育所保育指針Q&A50（改訂保育所保育指針研修会資料）」http://www.kakomon.info/hoikushi/hoiku/qa.pdf（情報取得：2024/02/06）

（10）自治体によっては、独自の判断で「2歳児クラスの間は全員に個別的な計画を作成する」と定めている場合があります。各自治体の監査担当者等に確認すると良いでしょう。一方で、監査担当者もこの「三歳未満の子ども」という表記についての認識が曖昧で、年度末まで全員分の記入が必要と判断している場合もあります。疑問が生じたときには、指針・要領等の解説内容を園側から自治体に主張することも必要です。

（11）保育所児童保育要録、幼保連携型認定こども園園児指導要録、幼稚園幼児指導要録の三つを意味する言葉として「要録」を用いています。

コラム

■九州合研は五〇周年を迎えました！

黒川　久美

●「九州は一つ」を合言葉に半世紀にわたる〝対話と学びの場〟

九州保育団体合同研究集会（略称　九州合研）は、九州各地から保育者・親・研究者をはじめ子どもに関わる人びと一〇〇〇名前後が年一回集い、実践の交流・検討を軸にした〝対話と学びの場〟を半世紀にわたって続けてきました。第五〇回記念集会は、コロナ禍の下二年間の延期を余儀なくされましたが、二〇二二年九月福岡にてリモートでの開催の運びとなりました。

●九州合研四つの特徴～だから「九州合研は良心の砦」なのです

①保育に関する手づくり・手弁当の自主的な集会
②保育所・幼稚園、認可・認可外、保育者・親・研究者等の垣根を越えた文字通り「合同」の集会
③講演・講座を「聴いて学ぶ」だけでなく、提案された実践をもとに意見や悩みを出し合い実践を深め合う分科会に重点を置いた「対話を通して学び合う」集会
④提案者も参加者も運営委員も対等平等で民主的な運営を行う集会

●集会開催のしくみ～だから半世紀つながってきたのです

九州合研は九州七県の持ち回りにより毎年一回開催されます。「現地実行委員会」「九州実行委員会」「常任委員会」の三つの連携のもと準備を進めます。「現地実行委員会」は集会の計画案を、各県からの委員により構成された「九州実行委員会」に提案し、そこで決定がなされます。実際の集会運営は現地が行います。集会の調整機関として「常任委員会」があります。常任委員は、各県及び分科会運営委員から選出され、一定期間継続してその任に当たります。分科会の構成や運営委員の調整、基調提案の作成、ブックレットの

編集・刊行などの役割を担っています。九州合研の核となる「分科会」は現在二一あり、各分科会には研究者と実践家四名前後の運営委員が位置づき、集会前には学習会を持ちます。

こうしたしくみが集会の継続性と質的発展を支えているのです。

●今日に至る分科会改革の道程と出版活動

第一回集会は一九七〇年七月、熊本において八七人の参加者のもと開催され、分科会は九州合研の基本姿勢を示す「保育内容（集団づくり）」と「保育運動」の二つ。その後「乳児保育」（第三回）が加わり、第八回には一五分科会と七自主交流会に。第二四回から運営体制が「司会者・世話人」から「運営委員」へ変更。提案の充実に向けて、第二六回での提案様式の見直しを経て、第二八回で『集会の手引き』から『提案集』へ。さらに時代と実践課題にあった分科会構成の見直しにより、第三一回（二〇〇〇年）からは三本柱二一分科会がほぼ定着。「基調報告」から集会全体を貫く論点の提起という性格をもつ「基調提案」に変更したのは第三九回。

『提案集』『報告集』を集会毎に現地が編集・発行。一九八九年『九州の保育二〇年のあゆみ』、一九九九年『南風　九州合研のあゆみ一九八〇〜九八（暫定版）』を発行。第四〇回集会（二〇〇九年）では、分科会の実践的・理論的蓄積を広く共有することを願って四〇周年記念ブックレット『集団づくり』『乳児保育』を同時刊行（九州合研常任委員会編、かもがわ出版発行）。シリーズ化して、本書で八冊目。二〇二〇年には五〇周年記念企画の一環として『からだあそび一四五選』（かもがわ出版）を刊行。

●集会テーマに込めた平和への思い

現地が発信する集会テーマには〝平和〟という言葉がほぼ毎回入っています。平和と命の尊さが守られてこそ、安心と希望の保育が紡がれていくという思いが脈脈と受け継がれているのです。ロシアによるウクライナへの軍事侵攻は、〝平和なくして保育なし〟ということを痛切に思い知らされました。改めて〝平和〟の重みを深め合いたいものです。

第3章 どう書く？ 保育計画

1　保育計画の書式が変われば、保育が変わる!?

第1章で保育計画における書式上の課題などを、第2章では保育計画の基本的な仕組みと役割を確認してきました。この第3章ではそれらを踏まえて具体的に保育計画の立案について考えてみたいと思います。

分科会では、「借り物でない〝私たちの園の保育計画〟」をつくりたいと願う保育者たちが自園の計画を持ち寄り、お互いの計画を見せ合い、その計画に載せた思いを語り合ってきました。どの園の保育計画にも共通していることは、検討の始まりは「書式づくり」だということです。そして、その書式を毎年試行錯誤しながらも、改良し続けているのです。その結果として、驚くことに、分科会に持ち寄られた計画の書式は、どれ一つとして同じものはありませんでした。保育実践が多様であっていいように、保育計画もまた、自園独自のさまざまな書式があって良いのだということを教えてくれています。

今、この本を読んでくださっているあなたの園でも、オリジナルの保育計画をつくり出すことが可能だということです。

とはいえ、書式づくりは簡単ではありません。分科会の参加者からは、「いまだに完成していません」という言葉が聞かれます。それでも書式づくりに取り組み続けているのは、書式（項目）を変えると、保育が変わっていくという実感が得られるからです。職員同士が語り合って計画を立て、それをいかに書式に書き起こしていくかを試行錯誤するうち、職員同士がつながり、保育に変化が生まれ、それによって変わっていく子どもの姿を目の当たりにする。こうした経験が、保育計画作りの歩みを止めないのだといいます。

保育計画づくりは終わりがない営みです。しかし保育計画が変わると必ず保育は変わります。これは長年、分科会で確かめられてきた揺るぎない事実です。さあ、みなさんも終わりのない保育計画づくりの一歩を踏み出してみましょう。

2　年間指導計画例から保育を考える―分科会運営委員からの提案―

年間指導計画の書式づくりは、他園と自園のものとを比べることから始めるのが、取り掛かりやすいと思います。一から書式をつくり直そうと思うと、どこから手を付けていいのかわからないため、一つの書式を参考にして、それを自園の保育や子どもの姿に合わせ、アレンジしていくことをお勧めします。

そこで大切なのは、「この年間計画の書式って、ここがいいね」という部分もあれば、「ここはうちの園では不要だし、むしろこういう項目があったほうがいいね」と、職員間で語り合うということです。新しい計画の書式を完成させることを目的とするのではなく、他園の書式を自園のものと比べて、感じたことを語り合うことが大切です。

これまでの分科会で積み上げてきた、保育計画で大切にしたい項目や視点などを、執筆者である分科会運営員が整理して、「二歳児の年間指導計画」として作成してみました（表3―1）。これはあくまで年間指導計画の一例（以下、計画例）です。みなさんが自園の保育計画を見直す手掛かりにしていただければ良いと考えています。この計画例を囲んでみなさんの園で語り合いが始まり、自園の保育に合った保育計画づくりのきっかけになればと思います。

園長	主任	担当

たくない気持ち」も のぶつかり合いも大切 を保育者同士で検討し −1） の気持ちや思いに気付 及びクラス間、保護者	おとなの 行動目標 （★4）	○保育者同士が気持ちよくあいさつしよう（★5）イライラしないようにしよう（★6）イライラしたら休憩時間でも語り合おう。 ○新任保育者が慣れやすいような環境を作ろう（メンター（相談役）との面談・特定の保護者との対応から距離を置く） ○一人ひとりの気持ちを大切にし、ていねいに関わろう（2歳児の保育の「ていねい」とはを年間を通じて語り合う） ○日々のあそびを自分で選び取り、満足するまであそぶ中で「楽しかったね」や「またしよう」の気持ちをたくさん感じられるようにしよう ○「イヤイヤ」や「おとなの思い通りに動きたくない姿」も肯定的に受け止めるように心掛けよう（★14） ○子どもたちの、幼児クラス（異年齢）の生活とあそびに対する興味や好奇心を大切にして、気持ちよく送り出し、いつでも温かく帰ってこられる「心の基地」になるように努めよう。 ○担当職員間や他クラスとの役割分担・タイムスケジュールを調整し、毎日のノンコンタクトタイム・休憩をしっかりとろう（★7）

梅雨〜夏	秋	冬〜春
○雨降り散歩・▲▲滝を見に行く・小川探検 ○水あそび ○プール ○魚つかみ取り ○園児健康診断1回目　歯科検診	○紅葉狩り ○探検あそび ○秋の遠足　○芋ほり（焼き芋）	○正月あそび ○雪を見に行く ○園児健康診断2回目 ○クリスマス会　○餅つき

OK）（★11）

に対しての共感と理解を促す
あそびが好きな子どもたちのあそびと、子どもたちの関係性が確認できる行事を設定する（年度後半）（★10）
る）
動的なワークを行う（6年度は裏庭出入口のロフト製作を予定したい　春に設計士と打ち合わせ）

	参考図書（★18）
上満3歳未満の園児の保育に関 確保	•保育って面白い「乳児保育」九州合研ブックレット（かもがわ出版） •子どもとつくる2歳児保育（ひとなる書房）

すきなものをたべたい（気持ちよく完食したい／おかわりしたい）
苦手ちな食材もいつか食べたくなるかも…気長に待ってね

どもの近くで量を聞きながら行う　•楽しく落ち着いた食事の雰囲気づくり（保育室・テラス・園庭）
・時間・言葉かけ）
間に幅のある昼食時間の設定を担当同士で工夫する（朝食夕食時間の把握）
お手本を見せながら食べる）

表３－１　「2歳児クラス　年間指導計画例（計画例）」

<table>
<tr><td colspan="4">園の理念（★１）：おとなも子どももしあわせに暮らす・子ども時代は子どもらしく過ごす
保育目標（★２）：安心して自分の思いを表現できる子ども・子どもの「やりたい気持ち」も「
大切にする保育</td></tr>
<tr><td>クラスの年間目標</td><td colspan="3">子どもの『やりたい！』という気持ちを豊かに育てることを目標にする
「やりたい気持ち」だけでなく「やりたくない気持ち」にきちんと共感していく中で、子どもたち
な発達過程と捉えて保育をする。子どもの思いを汲み取る工夫（小グループによる保育・担当制）
ながら保育を進めていく
ごっこあそびなど通して「みたて・つもり」の世界を広げ、「友だち大好き」な子どもになってほしい
保育者に見守られながら、身の回りの事を行い、自分でできる喜びや2歳児らしい誇らしさを感じ
自分の気持ちや思いをたっぷりと表現し、ありのままを受け止めてもらう体験を積み重ねることで
いていく
年度途中に子どもの発達に合わせて幼児クラスへ移行するので、高月齢の子どもを中心に、クラ
と綿密な連携を取る</td></tr>
<tr><td colspan="3" rowspan="2">毎年行う保育活動・行事（★８）</td><td>春～梅雨</td></tr>
<tr><td>○弁当持参でお花見に行く（●●公園か△△広場）
（給食室にお弁当を作ってもらう）
○草スキー・おたまじゃくしとり
○バス遠足デビュー
○保育説明会（保護者対象・職員対象）
○従来の運動会や発表会を行わない意味を保護者に説明する会を
持つ（春～夏）（★12）</td></tr>
<tr><td colspan="3">今年行いたい保育活動・行事（★９）</td><td>○年間を通しての保護者参加型の公開リズム（参加回数自由・祖
○子どもの気持ちに呼応する日常的なバス遠足
○川遊びやたき火保育などの園の保育活動への保護者参加：園の
○保育者と子どもたちで「お店屋さんへようこそDAY」を企画し、ご
○保護者の興味のある保護者交流会の内容を考える（アンケート
○保育環境ワーク（園の環境に対して保護者が興味を持てるよう</td></tr>
<tr><td colspan="3" rowspan="2">２歳児の発達の理解
参考図書</td><td>必読図書（★17）</td></tr>
<tr><td>①幼保連携型認定こども園教育・保育要領解説P180-221「満１
するねらい及び内容
②子どもと保育（かもがわ出版）　※必読図書の読書時間は勤務時</td></tr>
<tr><td rowspan="2">食事</td><td rowspan="2">生活リズムを大切に！</td><td>子どもの思い
（★13）</td><td>・おなかペコペコになってからおなかいっぱいになりたい
・楽しい雰囲気の中で食事をしたい（優しい顔で見守ってね）
・朝食時間や食欲がちがうから一人ひとりに合わせてね</td></tr>
<tr><td>おとなの手立て</td><td>・戸外のあそび（粗大あそび・全身運動）を充実させる　・配膳
・意欲的に食べる姿をしっかりと認める　・無理に食べさせな
・子どもが食事の時間を決めるまで気長に待つ　・少人数担当制
・食事のあいさつやマナーは大切だが強要はしない（→おとなが</td></tr>
</table>

てね　•一斉にトイレに行くことを促されても排泄できません（尿意や便意は生理現象です）
していく　•トイレで排尿できるようになったら、パンツやズボンの上げ下げの方法を丁寧に教える 降に自立する子もいるので、「３歳児担任」や「保護者」とは子どもの姿を共有して連携を大切に行う（面談や
ら布団に行くよ　•眠くない時に長いトントンはつらいよ（★15）
•快適に眠れるように、室内の環境（程よい暗さ・快適な温度調整・音）に配慮する ・目の届く場所で睡眠）　•眠れないなら、トントンで無理に寝かせない（★16） での就寝時間や起床時間をもとに生活リズムが乱れないように援助する）
な援助を施す（とにかく褒める）　•興味が出てきたら、朝の準備や帰りの準備を一緒に楽しく行う　（声掛け かりやすい動きやすいを環境や動線を整える　•「できるから」と子ども任せにしないにしない。（仕上げ・確認） 本として伝えていく（掃除と片付けを頑張る！）
く分からないから困った時には仲立ちしてね
とに努める ・気長に待つ・「ちょっと待ってね」はできるだけちょっとに…おとなの「ちょっと」は子どもにとって「ずっと」 伝える。（「また〜？」と思わず気長に付き合う・くり返しの話も聞いてあげる） の手立てを伝えていく。ことばで「代わりばんこ」「順番」を伝えながら、おとなが生活の中で手本となる ごとコーナーやなりきりコーナーを充実させ、イメージやつもりが膨らむように環境設定する（★３－２）
った時に外に行きたい こそやってみたい）　•生き物を見たい触れたい
なこと以外は怪我のないよう見守り、そばにいて一緒に楽しむ（連携・すぐにstopをかけない・ハザードは取 うな道具を準備する　•散歩などで自然の素材を見つけたりふれたりする る　•子どもの動きを制限する言葉かけはせず寄り添う言葉をかける を大切にしながら、生き物との関わりを積み重ねていく 大切にする
だちが気になって一緒にあそびたい　•先生じっと（ずっと）見ないで。見張られるのは嫌
子どものあそびを見ながら、道具の数や種類を見直し調整する（保育者ではなく子どもの気持ちで決める） 障する　（みたて・ごっこあそびに自然とつながる）　•介入しすぎない マットや巧技台などでやってみたいと思えるようなあそびを工夫する
の思いを自由に描くよ　•汚れることも、時間も気にせず、とことんやりたい
ようにする　•あそびをできるだけ時間で中断させない えるところに飾り、“楽しかったね・またしようね”を共有する の保障　•むやみに「じょうずだね」「すごいね」などの「評価ともとれる」言葉かけをしない （擦画期→錯画期→象徴期）

養護と教育（五領域〈健康・人間関係・環境・言葉・表現〉）を抑えながらのそだちとあそびの項目

排泄	そのためには家庭との連携を！	子どもの思い	•排泄の自立は個人差が大きいから一人ひとりのタイミングに合 •今あそんでるの。嫌がっている時は無理に連れて行かないで！
		おとなの手立て	•おむつ交換は子どものペースや気持ちに合わせて、個人個人に •家庭と連携して自立のタイミングを見逃さない　•３歳児クラ 処遇会議等）　•排泄の失敗をネガティブに伝えない
睡眠		子どもの思い	•静かで穏やかな、安心できる環境で眠りにつきたい　•眠くな •寝られない時の居場所を作ってね
		おとなの手立て	•24時間の生活を考慮しながら、気持ちよく午睡がとれるように •食後すぐの眠気にも柔軟に対応する（誤飲対策で口の中を確認 •眠れない子の居場所は園の職員と連携する　•寝かし過ぎない
衣類・持ち物		子どもの思い	•「じぶんでやりた〜い！」みててね　•できないときは手伝って
		おとなの手立て	•「じぶんで」という意欲を大事にし、挑戦する姿を見守るながら と促しはするが強制しない）　•自分でできることが多くなるので •清潔で片付いていることが「心地よい」ことを、おとなの生活
人（保育者や友だち）との関わり		子どもの思い	•自分が一番！でも…友だちも気になる　•友だちとのあそび方 •おとなに見ていてほしい・聞いてほしい、一緒にやってみたい
		おとなの手立て	•子どもとの信頼関係をしっかりと築けるよう、じっくりと話を聞 （曖昧な約束や適当な相槌をしない・前のことを蒸し返して叱ら くらいに感じる） •子どもの主張を丁寧に受け止め、気持ちの立て直し方を言葉に •交代や順番などがわかってくる年齢なので、あそびと生活の中 •今年の子どもたちは「ままごと」が好きなので、年間を通して
戸外あそび		子どもの思い	•身体をたくさん動かしておもいきりあそびたい　•行きたい！ •お兄ちゃんお姉ちゃんってカッコイイ！（まねしたい・あぶない
		おとなの手立て	•子どもの「行きたい」「やりたい」に気持ちを大事にし、よほど り除く、リスクを取り除きすぎない） •砂場や水あそび場では、みたてつもりや生活再現あそびができ •日常的にミニ遠足を行い「はじめてとの出会い」をたくさん経 •動植物をはじめとする生き物との出会いを喜び、直接的な触れ •子どもたちの見本となるように、生き物との関わりを保育者自
室内あそびコーナー 生活とあそびの環境		子どもの思い	•まだまだひとりあそびが大好き。だからじゃましないで！　•で •お部屋でも身体を動かしたい時もあるんだ
		おとなの手立て	•手指を使うあそびを楽しめるような素材やあそびを用意する •一人でじっくりとあそびを楽しめるような空間をつくり、あそび •子どもにとっておとなの視線が気にならない環境の保証 •粗大あそびの環境設定は基本保育室では行わないが、梅雨時期
描画		子どもの思い	•のびのびと描画を楽しんだり、いろいろな素材を使いたい　•
		おとなの手立て	•会話を楽しみながら思いを引き出し、描く楽しさや喜びを味わ •子どものイメージやにゆっくりと耳を傾ける •子どもが描いた絵や作った製作物は丁寧に扱い、表現した作品 •いろいろな素材を経験させてあげたい　•いつでも描けるスペ •子どもの描いた絵をある程度発達的に見ることができるように

い　•新しいうたも覚えたよ、うたえるよ
ち歌います）　•お兄ちゃんお姉ちゃんってすごいなーおとなの動きはかっこいいな

とが出来るように取り組む　•幼児クラスの歌の聞いて“楽しそう・歌ってみたい”のワクワクを広げる
の歌の時間に合流する。
ける
（月一回の歌とリズムの学習会を行う）

回でも読んでね
イメージでみたてつもりあそびを楽しみます

にする（「また〜？」「もうおしまい」はできるだけ言わないようにしよう）
を再現して楽しむなど、絵本の楽しみ方を広げられるようにする
ながる可能性を意識する　•絵本の置き方を工夫する（高さ・平置き）

•持っている道具を使ってみたい

•簡単な料理を楽しくおとなと一緒に調理し、美味しく味わえるようにする
の数を保証する
材に興味につながるように

へ移行してくるので、職員会議にて１歳児の様子を共有する。
ミュニケーションを心がける　・感染症などの情報交換や対応についてこまめに伝えていく
庭・室内あそびは保育者間で連携し、子どもが自由に居場所や遊びを選べるようにする➡おとなたちみんなで

）
コミュニケーションの場を持つ（必要な時は、いつでも話し合う場を持つ）

…など】情報提供の場として活用していく⇒各クラスの保育者に確実に伝える

移行するので、運営会議との連携をはかり、2歳児の様子を伝えていく
会にて保護者に伝え、「その意味」と「具体的な手立て」に対しての理解を促す
当児の様子を観察し、その姿を保護者へと伝えていく
（保育環境）を自由に選べるように「おとなたちみんなで子どもたちみんなを保育する」意識を大切にする

二期〕良好な関係が出来ていることを前提に、園でのになる姿や支援の必要性があれば、子どもの姿を通て伝える。その際、配慮度が高い家庭については、前の面談打ち合わせや、保健師・療育センターなど連携を取っておく。面談には園長・副園長・主幹が要に応じて参加する。	〔三期〕幼児クラスへの進級に向けて、生活面での不安を心配される保護者には、3歳以降での自立の可能性を伝え、焦らずに子ども見守ってもらうように伝える。 幼児クラスで実施している「異年齢保育」の意味を伝えていく。

ので、共感的姿勢で接しつつもその姿の意味を伝えていく。
は早めに園へ相談し、ケースによっては園が対応する。（こじれてからの関係修復よりも、早めの対応を心がける）
健師との子どもの姿との共有や、支援の方向性を確認し、園と保健師でチームを組んで役割分担する。（園は保護

ことなので、支援度が高い子は３歳児就園を見越して連携・援助する。

月〜10月 育施設・親子教室への来年度在籍検討会議 内ケース会議・園が入っての保護者面談	11月以降年度末まで 在籍予定施設との事前打ち合わせや申し送り 相談支援専門員との連携 次年度の並行通園回数や曜日時間などを確認し、３歳児担当と情報共有

※84ページに読みとり用QRコードがあります

	歌 わらべうた リズム	子どもの思い	•いろんな動きみんなに見てほしい　•大きな声で歌えるようにな •歌いません。動きません。でも聞いてます（家では歌えるし、そ
		おとなの手立て	•うたやピアノを聞いて自然と身体が動くような心地良さを感じ •今年度はピアノが得意な保育者がクラスにいないので、幼児ク •わらべうたはゆったりとした気持ちで行えるよう雰囲気作りを •おとな自身が歌とリズムを楽しみお手本になるように身体を動
	絵本	子どもの思い	•いろんな絵本を手に取ってみたい　•「今」すきな絵本はこれ •読んでほしい時間に、ゆっくりと本を読んでほしい　•絵本の
		おとなの手立て	•いつでも好きな絵本を心ゆくまでゆったりと読んであげられる •季節の絵本や子どもの興味のある絵本を用意する。　•お話の •おはなしあそび・ごっこあそび・劇あそび・クッキング保育へ
	食育 クッキング	子どもの思い	•おいしいものを食べたい　•おとなのしていることをやってみ
		おとなの手立て	•季節の食材に触れたり食べたりする機会を持ち、食への意欲を •行事食や食文化をわかりやすく伝える　•子どもが使いたがる •散歩の時に畑の野菜に興味が持てるような声掛けをする→給食
１歳児クラスとの連携			•１歳児クラス高月例の子どもたちが、年度途中で2歳児クラスの •日頃から密に連携を取れるよう保育者一人ひとりが声掛けを行 •クラスを越えた子ども同士のかかわりや活動を大切にする。散歩 子どもたちみんなを保育する ※お散歩ボード作成（どの子が園外に行ったかの確認と共有の •月１回は、必ず職員会議を行い、各クラスの状況把握や担任同 •翌週の計画やリズムについての話し合いを行う •毎朝のミーティングは【その日の活動・保護者の伝言や様子・ ※保育者同士の連絡ノート作成
幼児クラス；異年齢（3.4.5歳児）との連携			•２歳児高月齢の子どもたちが、年度途中で幼児クラス（異年齢 •２歳児の年度途中の幼児クラスへの移行は年度当初開催の保育 •だれがいつ移行するかは会議にて決め、一定の「お試し期間」 •クラスを越えた子ども同士の関わり「2歳児⇔幼児クラス」のエ
保護者との連携・信頼関係			〔一期〕新入園児の保護者や在園児でも初めてお付き合いする保護 者との信頼関係づくりに努める。子どもの素敵なところやできる ことをたくさん伝えるように心掛ける。かみつきやひっかきが起 こる前に、お便りやクラス会にてそのような子どもの姿の意味を 園が伝える。
			家庭でもイヤイヤが激しくなると、ネガティブに感じる保護者が 伝えにくさや過度の主張要求が多い家庭や、担当から伝えにくいケ ３歳児健診フォローを丁寧に行う。配慮を多く必要とする健診前後 者の気持ちの吐き出し先や受け止め役になる）
関係機関（保健師・療育・小学校・特別支援学校）との連携			•細やかな、情報交換を行い、共通認識できるようにする。 •療育施設の現状から、４歳児以降の新入園が受け入れ上難しい
			２歳半・３歳児健診結果聞き取り→通年 保護者面談（悩んでいる保護者の思いを聞き、気持ちのフォロー 行う）→通年 虐待の可能性があるときの連絡手段等やその時に行う手立てを再 確認する

3　年間指導計画を立てる七つのポイント

表3－1の計画例を見ながら、ポイントを確認していきたいと思います。

〈ポイント1〉年間計画にも「園の理念」「保育方針」「保育目標」を書いておく！

みなさんの園の「保育理念」「保育方針」「保育目標」はどういうものでしょうか。2章でも述べましたが、これらは「全体的な計画」において最も重要で、必ず職員間で共通理解をしていないといけないものです。必ず、です。ですから、これらをふまえた計画が必要になります。

では、計画例を見てみましょう。理念や方針、目標は、全クラスの保育の根幹となるため、年間指導計画にも再掲し、計画書を見返すたびに確認できるようにします。

計画例に書かれている園の理念(★1)は「おとなも子どももしあわせに暮らす・子ども時代は子どもらしく過ごす」とあります。また、保育目標(★2)は「安心して自分の思いを表現できる子ども・子どもの「やりたい気持ち」も「やりたくない気持ち」も大切にする保育」とあります。

園の保育を表すものですから、できるだけ短い言葉で簡潔に、かつ具体的でわかりやすい文章で書かれているほうが、身近なものになりやすいと思います。

＜ポイント２＞指導計画の中で変わらないもの・変わるもの

次に「クラスの年間目標」が書かれていますが、これは「全体的な計画」にある二歳児の部分と同じ文章です。毎年、クラス担任が考えて記述する場合が多いかと思いますが、二歳児保育で「大切にすること」は、発達の姿を踏まえれば、年によって大きく変わるわけではありません。担任やその年の子どもたちの人数構成が変わったとしても、二歳児保育として園が大切にしているものを書くと良いでしょう。

例えば、年間目標には「ごっこあそびなどを通して「みたて・つもり」の世界を広げ、「友だち大好き」な子どもになってほしい」（★３－１）とあります。その目標に向かって「今年の子どもたちは「ままごと」が好きなので、年間を通してままごとコーナーやなりきりコーナーを充実させ、イメージやつもりが膨らむように環境設定する」（★３－２）といった具体的な実践計画に展開していきます。

このように園が大切にしている「二歳児の年間目標」と、「実践としてこの一年では何を計画していくのか」の両方が書いてあり、前者は例年変わらない目標として、後者はその年の保育者が行う実践の手立てとして立案するといった書式になっていると書きやすくなるでしょう。

＜ポイント３＞おとなの行動目標を書く

この計画書の特徴の一つに「おとなの行動目標」（★４）が書かれていることが挙げられます。多くの園がそうだと思いますが、年度が変わるとクラス担当が変わりますし、保育者の組み合わせも変わります。そこで、「おとなの行動目標」を掲げておくことで、どのような同僚との関係性であっても、子どもたちの前で保育者としてどう立ち振る舞うべきかが明確になります。

その年の保育者の経験や性格、得手不得手を考慮しながら、保育者として大切にすることを、具体的に話し合って書きます。

計画例を見てみると「気持ちよくあいさつしよう」（★5）「イライラしないようにしよう」（★6）「休憩をしっかりとろう」（★7）など、多くの園の計画書には書かれないことも含まれています。これは、この年の二歳児担当保育者間で「気持ちよく保育をしたい」ということを確認しあい、そのためにはおとな同士の人間関係が良好であることが大事だと語り合い、保育計画にあえて記載しているのです。直接的な保育の手立てではありませんが、クラスの雰囲気づくりには大きく寄与するものだといえます。

＜ポイント４－１＞毎年行う行事と、今年行いたい行事を書く

行事は、「毎年行う保育活動・行事」（★8）と「今年行いたい保育活動・行事」（★9）に大別されています。

「毎年行う保育活動・行事」とは、春にしかできないお花見や、夏にしかできない小川探検など、その時期ならではの活動として書きます。月や期で分けても良いですが、梅雨に入る頃からするあそびや、寒くなってきてからするあそびなど、時節的なことに左右されるため、計画例では春夏秋冬で分けて書いています。

一方で、「今年行いたい保育活動・行事」は、子どものやりたい気持ちやタイミングを見計らいながら、「やりたい、やってみたい」行事として書かれています。子どもの状況によって、やったりやらなかったりする行事といえます。

このように行事の計画は、「毎年行う行事」＝「恒例的な行事」と、「今年行いたい行事」＝「流動的な行事」を別枠に書いておくと計画しやすいでしょう。なぜなら、「恒例的な行事」と「流動的な行事」とに分けてお

くことで、「流動的な行事」に関しては、気楽な気持ちで記載できます。適宜、実施時期を検討したり、クラスで内容や方法についてあれこれ考えたりすることができるため、保育者同士で保育を語り合うきっかけになるでしょう。

計画例には、「保育者と子どもたちで「お店屋さんへようこそDAY」を企画し、ごっこあそびが好きな子どもたちのあそびと、子どもたちの関係性が確認できる行事を設定する。（年度後半）」(★10)とあります。この活動は毎年恒例で実施する保育活動ではありません。あくまで、「今年の二歳児」が好きな「ままごとあそび」が年度後半に、「子どもたちがやりたがったらやってみたい」行事として書いてあるだけです。

表3－1の計画例は二歳児の計画書ということもあり、活動予定や行事のボリュームが少ないため、枠としては小さめに設定しています。しかし、幼児クラスになると、この枠が広がり、年長になると別紙に詳しく書くなどの工夫が必要になります。年齢や必要に応じて、枠の幅を広げたり加えたりすることを検討するのは、計画書づくりではとても大事なことです。

また、するかしないかにかかわらず、一年の中でやってみたいことは、計画書の中に「とりあえず」書いておくと良いでしょう。実践できなかったら、「なぜその計画はできなかったのか？」の理由や課題を年度末に考えることで、保育活動の組み立て方の課題が見えてくると思います。さらには、人員や時間不足などの物的条件や、職員間の連携の課題も明確になります。また、「しなかった、できなかった」ものだけでなく、「園の理念や方針とズレがある」という判断から「させなかった」行事もあるかもしれません。こうした点の振り返りを行うことで、園の持つ課題もわかってきます。それらは、次年度以降への計画の改善策として大いに参考になるでしょう。

年間指導計画レベルでは「計画」＝「必ずやることを記載する」と位置付けないほうが、断然書きやすいですし、書くことが楽しくなります。

こういった年間指導計画を数年にわたって蓄積していくと、後に続く保育者、特に経験の浅い保育者にとって非常に役立つ資料となっていきます。行事やあそびを考えるときに「この園ではこういう行事もしていいんだ」「この活動は今年の子どもたちに合って楽しそうだからやってみよう」などの実践のヒントとなります。保育計画はあくまで単年度の計画として作成しますが、こういう意味では園の保育全体や実践者を長期的に下支えしてくれるものになります。

＜ポイント4－2＞運動会や発表会の計画について

計画例をみると「運動会」や「発表会」の記述がありません。これは意図的です。これまでは当たり前に実施していた「運動会」「発表会」でしたが、「子どもたちにのんびりと落ち着いて生活してほしい」「保護者にゆっくりと我が子と関わってほしい」という願いから、［年間を通しての保護者参加型の公開リズム］(★11)に変えています。こうした行事変更のため［従来の運動会や発表会を行わない意味を保護者に説明する会を持つ（春～夏）］(★12)も計画されます。

第1章でも触れましたが、「運動会」や「発表会」の大きな行事が年間計画の中にあると、「行事を成功させるため」「去年と同じように」「保護者の期待に応えるように」ということを意識した計画や実践となりがちです。かつてのコロナ禍に「運動会」や「発表会」を例年通りに行えなかった園は多かったと思います。けれども、それらの行事をしなかったために、その時の子どもたちに何か育ち損ねたことがあったでしょうか。子どもたちの長い人生を考えた時に、「運動会」や「発表会」を行っていないがために育っていない部分があると感じれば、コロナ禍の前のように行えばいいですし、無いと考えるのであれば、表3−1の計画例のように従来通りの形は止めて、新しい何かを始めてもいいのだと思います。

大切なのは「例年の行事を行うことは当たり前」と考えず、コロナ禍で得た気付きを保育者同士で話し合い、行事を行う意味を子どもの育ちの姿とともに確認することです。考えもせずに元に戻すことは無いように心がけたいものです。

＜ポイント5＞項目の立て方を再考してみる

次に項目の立て方について考えてみます。表3−1の計画例の縦軸を見てみましょう。大まかには五領域から出発していますが、その中の項目を細分化している点に注目したいと思います。具体的には、「健康」という領域に対しては「食事」「排泄」「睡眠」……、「表現」であれば「描画」「歌」「リズム」……など、各領域に添った、具体的な活動が想像できる小項目に分類しています。その分類された小項目を基本として、保育の中で考えられる実践の種類が具体的に記述されています。

そもそも、保育の諸活動は安易に五領域に分けることはできないものです。例えば、「描画」という活動は、領域「表現」のみではなく、描く対象である「環境」への興味関心も大切ですし、友だちと一緒に描いたのであれば「人間関係」の視点も欠かせません。また「言葉」のやりとりも生まれるはずです。

一つの活動には、多くの領域が含まれているのが保育です。だからこそ、計画を領域別に分けて書くことに難しさや違和感を覚えてしまいます。それが計画の立てにくさにつながっているのではないでしょうか。

とはいえ、領域に全くとらわれずに園独自で一から項目立てをすると、内容が非常に偏ってしまったり、押さえておくべき要素が欠落してしまったりと、全体を網羅する保育計画書にならないのです。具体的には、園が立てた項目に「言葉につながる項目があるかな?」「表現を育む活動を書けるようになっているかな?」と振り返る視点としての五領域があるくらいに留めておきます。

それぞれの園やクラスの実態に合わせた、小項目の分類と項目立てをしてみることで、自園の保育の全体像を客観的に振り返るきっかけにもなりますし、その結果、保育計画は格段に立てやすくなることでしょう。

＜ポイント6＞「子どもの思い」が書いてある

今回提示した計画例の最大の特徴は「子どもの思い」(★13)が書いてあることです。第1章表1−1の年間指導計画書に書かれている「子どもの育つ姿」は月齢の発達の目安として見られるであろう「姿」を示したものです。その目安に従って、ねらいや内容を立案していくのが一般的な計画の立て方です。

一方、計画例では、その発達を遂げる子どもの「姿」ではなく、その胸中にある「子どもの思い」を、つまりは子どもがどのように思っているかを、まず考えます。

計画づくりをするときには、「子どもの発達の姿」から「実践の計画」を立てるより「子どもの発達の姿」と「実践の計画」の間に「子どもの思い」を加えることで、保育計画はより子どもに寄り添ったものとなります。

この「子どもの思い」を記載する枠が設定されていることで、「子ども理解」を基盤とした保育に変わることができるのです。

例えば、「二歳児って昼ごはんのとき、どんなことを思っているんだろうね？」という問いを、発達も確認しつつ、担任同士で語り合い、子ども理解を始めます。「二歳児って『友だちや保育者と一緒に楽しく食べたい』『好きなものをいっぱい食べたい・おかわりしたい』『苦手なものはいつか食べたくなるかも…気長に待って欲しい』と思っているかもね」という子ども理解が生まれます。そして、その語り合いから確認できた「子どもはこう思っているんだろうね」を記載していきます。すると「じゃあ私たちはこうしようね」「こんなふうにやってみたいね」と、保育者からの働きかけや関わり方のアイディアが生まれ、それが次の「おとなの手立て」へと記載されていくのです。

計画の出発点は何といっても「子ども理解」です。ここがズレてしまうと、どんなに立派な保育計画を立てても子どもの思いとすれ違ってしまい、子どももおとなも辛くなります。保育計画の見直しを行う際、この「子どもの思い」を保育者間でゆっくりじっくり語り合うことをおすすめします。

＜ポイント7＞「おとなの手立て」「しないこと、したくないこと」を計画に組み込んでみる

この計画例のもう一つの特徴は、「保育者がしない」ことが書かれているという点です。目標を達成するためには、「すること、したいこと」を列挙しがちです。しかし、実は「しないこと、したくないこと」を考えることが非常に重要です。

「子どもの思い」の項目で、「苦手なものはいつか食べたくなるかも…気長に待ってね」ということが保育者間で共有されたのであれば、苦手なものが食べられるような工夫を考えながらも、同時に「しないこと、したくないこと」として、「きっとそのうち食べるようになるから、今は無理に食べさせるようなことはしたくな

いな」という保育の手立ても確認し合えます。つまり、「しないこと、したくないこと」を出し合い、共有することは、保育者の関わり方にゆとりが生まれることになるのです。

さらに計画書の上段右側にある「おとなの行動目標」には、「「イヤイヤ」や「おとなの思い通りに動きたくない姿」も肯定的に受け止めるように心掛けよう。」(★14)ともあります。「子どもの気持ち」と「おとなの行動目標」という二つの視点から、「無理に食べさせない」という「しない計画」が立っていくのです。そして、それを年度の初めだけでなく、年度途中にたびたび、担任同士で確認し共有することで、この保育計画を通して担当保育者同士の子ども観をすり合わせることができ、共通した保育観を持つことにも繋がります。

具体的な例を挙げると、睡眠の枠には、「眠くない時に長いトントンはつらいよ」(★15)といった子どもの気持ちが書いてあり、それに対しては、「眠れないなら、トントンで無理に寝かさない」(★16)という計画になっています。しかし現実的にはお昼寝をしない子どもが複数いると、さまざまな課題が出てくるわけです。「眠らない時にはどうしたらいいんだろうね?」「幼児クラスの保育者にお願いしてみる?」「起きている子は室外やテラスで過ごす?」というような前向きな案が出てくるのと同時に、「じゃあ連絡帳どうする?」「でも日誌はいつ書く?」といった課題も掘り起こされ、「実際は無理じゃない?」という議論になっていくと思います。加えて、この議論は、「昼寝は体調維持のための休息として必要だからしている」というねらいが、「連絡帳や保育日誌を書くための時間が必要だから、子どもにお昼寝はしてほしい」おとなの都合が優先されていることに気付く可能性もあります。

昼寝をしたくないという子どもの気持ちと、連絡帳や保育日誌等の記録を書かないといけないというおとなのシゴトの両方を実現する必要性を感じながらも、どちらを重要視するべきかを考える必要が出てきます。これにより「連絡帳を簡素化してみようか？」「保育日誌の様式を変えてみよう」などの業務の見直しに発展していくのです。また、連絡帳を簡素化するためには、保護者に「お昼寝をしたくない子たちの環境を作りたいので、連絡帳を今までのように毎日書くことが難しい」ことを共感的に理解してもらう必要もあります。それにはやはり、園が「昼寝をしたくない子の保育」と「連絡帳と保育日誌を書くこと」のどちらを優先的に行うべきかを明らかにして、年間指導計画にはっきりと位置付ける必要があるのです。

「寝たくない子の気持ち」から、保育者はさまざまなことを学ぶことができます。昼寝をしない困った子として見るのではなく、「昼寝をしたくない時もあるんだよね」という子どもの気持ちを肯定的に受け止めて語り合いが始まると、保育の手立てが豊かになるのです。

もしあなたの園の保育で、子どもに対しての関わり方が保育者によって違い過ぎていたり、やりにくさを感じていたりするのであれば、保育計画に「しない、したくない」計画を盛り込んでみてはいかがでしょうか。

その他のポイント

年間指導計画を立てる七つのポイントを挙げてきました。実はそれ以外にも注目してもらいたい点があります。子どもの育ちの特徴を確認するために、園が指定した本を［必読図書］(★17)として記載している部分です。

年間指導計画には、子どもの発達を記載することが多いと思いますが、スペース上、限られた量しか書き込めないため、おおまかな、または断片的な発達の様子しか書くことができず、不十分と感じることがあるでしょう。そこで、必読図書を記載しておくのです。子どもの発達をその図書で確認できるようにします。保育者同士が同じ本を読むことで、共通認識も図りやすく、わからないことがあっても図書を通じて学びが深まりやすいためです。

また、［参考図書］(★18)には、その年に保育者たちがやりたい実践の参考になるような図書も紹介するようにします。例えば「担当制に取り組んでみたい」と計画していれば、その方法や具体的な実践記録が載っている本や資料を記載しておきます。

保育者は日々の業務で忙しく、会議や一堂に会しての学習会を持つ時間が難しいのが現状です。しかし、「今年一年でこの本一冊は必ず読んでみようね」と決まっていると、クラス担任間での共通した学びの土台が可能になるわけです。

ここで必要なのは、本を読む時間を労働時間として確保すること。そして、本は園から支給されることです。さらに園長をはじめとして主任保育士や中堅以上の保育者は、本の紹介ができる、学びの蓄積が求められます。

分科会の意見交換で、「保育の学びを求めるのに、学習会の参加も半強制で、参加費や本代の負担も保育者個人に負担させられるからとても辛い」と吐露された方がいました。確かに、自分の保育のスキルを向上させるための学びは、自主性によって獲得していくべきものだという考え方もありますが、園が一定レベルまでの知識や技術の獲得を求めるのであれば、園がリードして学びやすい状況をつくるべきです。

「子どものため・自分の学びのため」＝「自己負担が当たり前」という職員研修のあり方は見直す時代が来ています。自ら学ぶ姿勢がなかなか見られない保育者に対して、不満ばかりを言っているようでは、園の保育は変わらないのです。求めるからには、その求められるものが遂行できる環境や労働条件を、職場がしっかり整備する。これは保育業界において非常に未発達な部分であるといえます。

さて、運営委員からこれまでの分科会での学びをまとめた、計画例「年間指導計画（二歳児）」（表3－1）を提案しましたが、いかがだったでしょうか。おそらく、それぞれの園の指導計画の書式とはずいぶんと違うところが多く、少し戸惑われたかもしれません。この書式にならって、一歩踏み出してみようかなと思われる園がある一方で、「監査に対応できるかな」などの不安もあると思います。また、計画例は二歳児の計画のため、三歳以上児であれば、もっと「保育者の思い」が書き込める枠を増やすなどの工夫も必要になるでしょう。繰り返しですが、この提案は「この書式にすると良い」ということではありません。保育者の思いや手立てを保育計画という「表」にするのは難しいけれど、書式づくりや項目立てから検討することは、園の保育者同士の保育観を束ねる非常に有効な手立てとなり得るということです。

本書の最終章となる第4章では「どうする？保育計画」として、長年分科会で語り合われてきた悩みや、それを乗り越えてきた園の実践に学びたいと思います。

（吾孫子　幹・豊永智恵子）

コラム

■コロナ禍の保育

愛甲　明実

二〇一九年に始まったコロナ禍は、世界中に広がり、日本でも全国に感染拡大しました。保育施設では、当事者である子どもたちに感染予防を求めることが難しいため、保護者や保育者など周りのおとなが安全な環境を作っていくことが重要となります。

密を避ける

感染予防のため「三密」という言葉が保育現場に持ち込まれました。保育施設や幼稚園は蜜の宝庫です。遊ぶ時も食べる時も寝る時も蜜は避けることができません。そのような中、保育者たちは、工夫を凝らし感染予防と保育を両立させていきました。

緊急事態宣言下、登園自粛が呼びかけられると、登園が目に見えて減っていきました。登園自粛が困難であったのは、支援が必要な子どもや制度に乗れない親の雇用が不安定な子ども達です。また、かねてからワンオペといわれる保護者の子育てのしんどさも休ませたくても休めないという状況を生んでいました。登園自主期中の園内はガランとして、寂しいように思われましたが、出勤している保育者も一人ひとりにゆったりと関わることができますし、子どもたちも落ち着いています。日本の詰め込み保育が課題となっていますが、小集団での保育が大切なのだと再認識できる出来事になりました。

行事のありようが変わる

コロナ禍で一番課題になったのが行事です。政府が、小中学校の一斉休校をおこなった時は、卒園シーズンと重なり、卒園式を延期したり、中止したり、感染を恐れ、さまざまな制限を行いました。行事の中で悩ましかったのが、おとなの参加する行事や地域の人たちとの交流がある行事です。どうしたら安全に行事ができるのかということで知恵をしぼり、地域の人たちも参加する夕涼み会は、子どもたちの手で行う夏祭りに形を変えました。一週間かけて夏祭りを楽しんだ園もありました。そして、運動会や発表会、人数を制限したり、動画の配信を行ったり、無観客という言葉も流行しました。何が大切なのかということを考え、そこからみえたものは、行事の主人公も子どもたちだということです。お客さんも楽しいけど、お店の人でも楽しい。不自由な生活でも、楽しいことがいっぱいある。コロナ禍で、子どもたちが主体的に活動するそんな行事に変わっていきました。

保護者とともに

保育施設の感染予防で大切なことは、保護者と保育者の信頼関係です。子どもの命と生活を守るために協力しあい、少しでも豊かな生活を目指します。保護者は、日々の健康観察や何度も繰り返される自粛や自宅待機に協力し、園を支えます。園は、自宅に閉じこもる親子を支えるために、電話で話を聴いたり、手作りおもちゃを届けたり、リモート懇談会を開催したり、動画配信したりと、さまざまな形で保護者を支えました。

コロナ禍で考えないといけないのは、まずは子どもたちの命を守りつつ、不自由な生活の中で子どもたちの生活体験やそれに伴う文化の継承を豊かにするために欠かせない活動をどう保障していくかということかも知れません。そこには、子どもの願い、保護者の願い、保育者の願いがあってほしいと思っています。

第4章 どうする？ 保育計画

1　自己評価はこうする

①園の方針や保育目標の見直しを行う

これまで述べてきましたように、保育計画は、目の前の子どもたちの姿から出発し、子どもの思いを捉えることが要となります。そして、保育の手立てもまた、「目の前の子どもの姿」から始まります。その際、必要になるのが、その瞬間の子どもたちの思いに応えているかを省察するための「保育における自己評価」です。

「自己評価」というと、「計画」を立て、行った自分の「保育実践」について「できた・できなかった」という評価と捉える傾向にあるようです。また、年度末の職員会議等で「年間総括」や「一年の振り返り」と題して、自己評価を実施する園が多いと思います。その際、「今の園の保育方針・目標」を評価の基準に置き、これに対して実際の子どもたちの姿がどうであったか、という評価を行っているのではないでしょうか。

この振り返り方も確かに大切ですが、やはり定期的に「園の保育方針や目標自体が本当にこれで良いのか?」という視点で点検を行うべきです。園で育みたい子ども像（保育目標）と、そのための保育の方向性（保育方針）を絶えず確認しないと、園が担う役割や園の目的（保育理念）と乖離してしまうことにもなります。目標自体が、子どもの姿や保育者の願いとズレがあると、心から「良かった」と保育を振り返ることが難しいのです。

もし、園の目標を長く見直していない、または、今の保育の営みに難しさを感じ、さらには行き詰まり感があるのであれば、まずこの「保育方針」や「保育目標」の見直しから始めてみましょう。

②アンケートによる自園の保育の振り返り

保育目標や普段の保育の営みを点検するのであれば、園長や主任、担任といった特定の人だけで振り返るのではなく、可能な限り全職員で点検・見直しを行うのがいいでしょう。非常勤の保育者や栄養士・調理師なども含めた全職員と振り返りをすることをお勧めします。日々の保育や子どもの姿を多様な職種の職員がさまざまな角度から見ています。そのような多角的な視点で点検してみることが必要です。

振り返りの方法については、一般的には職員会議を行うと思うのですが、以前、分科会の参加者から、「保育アンケートという形で全職員に考えを書いてもらい、それをもとに個別に聞き取りをする」との発言がありました。理由としては、会議だと、顔を見合わせながら話せるので、雰囲気や場の温度を共有しながら意見交換ができるという良い面がある一方で、①役職や年齢といった園の立場や人間関係を気にして、なかなか本音が言えない、②「こんなふうに思っているのは私だけかな?言ったら変かな?」など、的外れな発言と思われないか心配で発言できない、③全職員が一堂に集まることが時間的にそもそも難しい、といった問題が常にあるからという事でした。

以下に、その園が行ったアンケートの項目を紹介します(図4−1)。みなさんの園でも実施してみようと思われる際には、必ずしもこの通りのアンケートにするのではなく、アンケートで聞き取ってみたい内容を園で自由に設定するほうが良いでしょう。

アンケートの結果は、想像していた以上に率直な感想が寄せられたそうです。また、意外なことに普段は職員会議等になかなか出ることができない非常勤の保育者や、子どもたちと直接関わることが少ないと思っていた栄養士の回答に、ハッとすることや、「本当にそうだね」と考えさせられることがあったということでした。

この園では、アンケートの回収が終わった後、その回答を項目別に整理して、「アンケート結果報告書」として全職員に配布するそうです。ただし、回答者は匿名としています。理由としては「誰が書いたか」より「何が書かれているか」を大切に共有したいからということでした。つまり「園長が書いたから」「ベテラン保育者の感想だから」ということだけで、その内容が重要視されてしまうことなく、それぞれの思いをそのままに受けとめていくことが、何よりも大切だからと考えているためです。

職場での役職や人間関係に左右されないアンケート結果は、各自が読む中で「ああ、私だけがこう思っているんじゃなかった」「私もその方法がいいと思っていた」「言われてみればそういう考え方もあるな」などの自分の正直な気持ちを肯定できたり、自分では思いもしなかったような気付きがたくさんあるということでした。

アンケートによって表面化した職員の率直な思いを共有することで、多面的な保育の振り返りを行えるとともに、自園の保育の課題を浮き上がらせることができ、よりよい保育に

図４－１　アンケート項目　　（※実際はＡ４用紙２枚）

「全体的な計画」の作成に際して、今の園の保育を振り返りたいと思います。
大まかに未満児と幼児に分けて、項目を掲げましたので、率直な感想を具体的に記入してください。
良いところや改善点など、何でもいいので思うことを記入してください。
この振り返りをもとに園の共通の課題を探りますので、園に遠慮しないで書いてください。

未満児クラスの保育について
・食事について
・食育（栽培・クッキング）について
・排泄について
・睡眠（環境）（時間）について
…
・室内あそび（自由あそび）（コーナー）…など多数の項目
・戸外あそび（園庭）（園外）・絵本・リズム・うた・わらべうた・保護者との連携
・職員間の連携（未満児間・幼児クラス・給食）・行事・課業・描画
・その他思うことなんでも（自由記述）

向かいたいという意識の向上につながっていくのです。

③他園見学のススメ

アンケートを実施して、園の保育の課題を見出せたとしても、具体的にどういう手立てをとったらいいか分からないという事があるでしょう。凝り固まった常識（保育観）から抜け出すことは、そう簡単なことではないのです。

「いつも同じ保育者たちで、同じ角度からの振り返りをするので、職員会議や検討会をしても行き詰まり、時間だけが過ぎて打開策が出てこないことがある」との保育者の声が聞かれます。自園の保育に課題を感じ、改善策を検討してみるものの、具体的な保育の計画まで至らないのは、子どもの姿を多角的に捉えることや、多様な視点や価値観で振り返られていないことが、その原因になっている可能性があります。

分科会の中で、「幼児の食事の時間に、全員揃っての〝いただきます〟がなかなかできない」や「子どもたちのあそびから食事への切り替えが難しく、どう言葉かけをしたらいいかわからない」という発言がありました。園の職員会議で「食事の時間を少し遅くしてみたら？」「朝の会で、一日の流れを確認していってみたら？」などの案が出るものの、さほど変化は得られなかったそうです。しかし、翌年の分科会で、「昼食はバイキング形式に変更しました。いままでは私たちの園では一緒に食べるということを大切にしていましたが、よく考えると、朝の登園時間やその日の食欲がそもそも子ども一人ひとり違うので、おとなの言葉かけ以前に〝食事の方法や時間〟を検討しなおしました。その結果、〝11時半から12時半までに食べに来てね〟というバイキング形式にして、保育者が役割分担したら、最初は混乱もあったけれど、子どもが自分で昼食をとっていく姿が見られるようになりました」との経過報告がなされました。

他の参加者から、変化の経緯が質問されると、「他園に見学に行ったら、バイキング形式で昼食をとっていました。当番、配膳、食事をしている様子のすべてがとても落ち着いていて、保育者もゆったりと関わっていた姿を見たことがきっかけとなったんです」とのことでした。見学帰りの車内で同僚と「私たちの園でもああいう昼食風景が見たいね」「あの形式だったらできるんじゃない?」という話題で盛り上がり、さっそく次の週からやってみたということでした。

「昼食をバイキング形式へ変更する」という手立ては、自園での話し合いだけではいつまでも出てこなかったでしょう。他園の子どもの姿とおとなの関わり方を実際に見たからこそ、保育者たちは新しい保育の手立てをやってみようということになったのです。

他園の見学に行くことは、「具体的な実践の手立て」を直接学ぶことだけでなく、「自分たちの保育観や自園の常識」を問い直す機会になる有効な手段となります。

先ほどの例でいうと、「食事は一緒に食べるべきものだ」という固定概念が、他園の保育を見ることで覆されたのです。私たち保育者が一番心揺り動かされるのはやはり「子どもの姿」からです。他園の子どもの姿を見たことで、自園の保育を改めて客観的に見つめ直しができるのだと思います。

また、他園の保育を見るということは、自園の保育を課題にして、保育者同士が向き合っていた関係から、「やってみたい保育」を見つけ出し、それを目標として保育者が同じ方向を目指し協力し合える関係へと変わっていくことが期待できます。課題によっては当然向き合って話をすることも大切ですが、「私たちもああいう保育がしたいよね」という同じ方向を向く関係の中で語り合うことが、本当の保育計画づくりではないでしょうか。

２　保育者の合意形成はこうする

保育理念や保育目標は全職員が共通理解をしておくべきものですが、日常的な保育において、身近なクラス担任間であっても「温度差」を感じることはないでしょうか。例えば、先ほどのバイキング方式に変えた園の例で考えてみます。他園の見学によって得た多くのヒントと語り合いによって、バイキングで食事をするという手立てが考え出されていきました。しかし、「小学校との接続が大事！」と思う保育者がいたらどうでしょうか。「やはり前のように、時間で食事することが大切なのでは？」「バイキングに変える前に、もっと工夫の余地があるのでは？」と考える人がいるのも当然です。そうなると、「勝手に園長と一部の人だけが盛り上がって…」と職員間で温度差や亀裂が生じてしまうことがあるかもしれません。

分科会でも「保育者の合意形成」という言葉が出てきます。新しく何かを始めたり、変えたりするときには、満場一致をもって決まることが大事だと考えるあまり、新しい計画に頷けない人を異質の存在としてしまったり、保育者同士がすれ違ってしまったりして、実践に踏み出せないことがあります。

そもそも私たちおとなも、年齢や経験年数をはじめ、性格や価値観など、みんな違います。いくら意見を交換し合ったとしても、全てを同意の上で合意形成に至ることは至難の業です。

これは、「わかりあえない人がいても仕方がない」という意味ではありません。「その手立てじゃなくてもいいのでは？」という大切な問題提起だと受け止めて、一旦立ち止まって再考し、物事をより深く考えるきっかけになると捉えてみるのです。加えて「このやり方で本当に良いのか」と疑問を持つことで、客観的で冷静な視点を得ることにもつながるでしょう。

合意形成というと、「全員が常に同じ保育観のもとで保育をする」ことだと捉えられがちですが、これはある意味、多様性が失われてしまった状態です。満場一致でなければならないと思い込ます、まずは試しに新たな手立てでやってみてはどうでしょう。そして、そこで見られた子どもの姿を語り合ってみてください。実際の子どもの姿を元に、職員一人ひとりがさまざまな意見や考えを語り合う中で、互いの思いに気づき、認め合える温かい同僚性が培われていきます。それを経て、一点集中の「合意」ではなく、余裕のある幅広さを備えた「合意」が形成されていくのです。

3　会議はこうする

振り返りをするにも計画を立てるにしても、対面で直接話し合う「会議」の時間が必要になります。分科会でも毎回のようにそれぞれの園が「会議の時間をどう作っているか」「会議の持ち方をどう工夫しているか」という話題になります。会議には「伝える」「決める」「考える」といった要素がありますが、これらを一つの会議で行っているケースがあります。もしあなたの園でそのような傾向があるとすれば、まず次のように会議を整理してみてもいいかもしれません。

①「伝える」ということ

まず「伝える」というのは、保育の営みの中にある多様な情報を伝え合うことが目的であり、端的に言えば「情報の共有」です。例えば、翌日の保育活動の予定や変更、怪我・病気の報告や連絡といったことがこれに当てはまります。情報の共有は早く正確に行われることと、知るべき関係者全員が同じ情報を把握していることが何よりも大切です。この部分は口伝えよりＩＣＴが得意とする分野ですので、最大限活用しましょう。

具体的には、職員のプライバシーやネットリテラシーへの配慮が求められますが、メーリングリストやＳＮＳを活用し、園から情報を日常的に発信するのです。

「～はこうします」「～は変更になりました」という業務連絡はもとより、翌日の保育などを各クラスが発信し、園の職員全員が、「明日はあのクラスは～をするんだ」「来週はこういう行事を行うことになったんだ」という保育計画の共有を行っている園もあります。また、「○○ちゃんのお母さんは最近○○という事情で元気がないので、声をかけてね」「昨日夕方○○くんが、園庭でケガをしたので、保護者の方にあったらみなさんからもお詫びを伝えてください」のようなことも発信したりしている園もあります。

こういう方法で日常的な情報発信と共有がなされると、「伝える」ために全員が集まる必要性が低くなり、頻度を少なくすることができます。そして、会議の時間の短縮につながるります。さらには、全職員に「私も知っている」という意識が芽生え、それが職員同士の距離を近く、保護者との信頼関係を強くするといった効果も期待できます。

②「決める」ということ

園の運営においては「何かを決める」ということが日常的にあります。多くの園が、みんなで決めることを大切にし、会議にはできるだけ多くの職員が参加することを求め、みんなで発言し合い決めていくという方法をとっているでしょう。これが、民主的で一番良いように思えますが、園長や主任といった運営部で、すでに考えや結論があるのであれば、それを先に提示して、それに対しての意見を求めるほうが効率的です。トップダウンには良いイメージがないと思いますが、運営部の判断や決定に保育者がうなずけるものであれば、こういった手立てのほうが短時間にて意思決定が可能となります。ただし、この方法を行うには、園長や主任と保育者の関係性が問われていくのはいうまでもありません。

③「考える」ということ

「みんなで考える」「一緒に語り合う」という会議における主な話題は、やはり子どもや保育の話になると思います。例えば「今年のお泊り保育はどうする?」「Aちゃんとその他の子どもたちとの関わりが気になるんだけれど、どうしたら良いだろう」といった、保育内容の検討や、子どもの姿などです。これは、やはり対面で顔を見ながら、同じ場で行うほうがいいでしょう。

この「考える会議」で最も大切なことは、「合意形成」のところでも述べましたが、立場の違う保育者の意見や、自分とは異なる価値観の発言を、まずは大事に聞くということです。大事に聞くという行為は、それぞれの保育者に「自分の思いや考えが大切にされている」「話してもいいんだ」という安心感を与え、それが話し合える雰囲気を醸成します。

保育をみんなで語り合う会議が充実すると、保育者は保育を伝えることが楽しくなり、日常的な会話の中にも「子どもの姿を語り合う」「保育の悩みを伝え合う」といった関係性が育つことにつながります。

4 園長にお願いしたいこと！

保育計画の書式について意見交換をしているときに、「書式の変更は監査で指摘があるからできない」と園長から言われ、書式の工夫を諦めた園もあります。園長の役割は、当然監査に対応することです。しかし、それは、行政から言われるままの書式で指摘されないようにすることではありません。「保育者が丁寧に作り上げた計画書」や「保育者の保育に対する思い」を、誰よりも高い保育の専門性をもって代弁するなど、その行政からの指摘に対して反論するくらいの気概が園長には欲しいものです。しかしながら、これまでの分科会で、「園長の理解がもらえないのでうちの園ではできない！」といった悩みを語った参加者が大勢います。「もっと良い保育がしたい！」と思って、保育者たちで語り合い、園長に思いは伝えたけれども、なかなか理解してもらえないというのです。

保育者は、一人ひとりの子どもたちが生活の主人公になるようにと、専門性をもって保育を行っています。子どもたちが主体的に生活するために、安心できる環境を整え、一人ひとりの違いを大切に、常に肯定的に子どもの姿を捉えて、「やってごらん」「間違ったって大丈夫」と試行錯誤も挑戦も大切にしながら関わっています。それは子どもたちの自己決定を大切にする保育が、子どもの豊かな人生の基盤になるという、専門職としての確信があるからです。これは保育者の育ちにもいえるのではないでしょうか。「保育を変えたい」「新しいことをやってみたい」という気持ちが保育者に芽生えた時、何より大切なのは園長をはじめとする運営責任者の「その真摯な気持ちに対する理解と支援」なのです。

園長は責任を取る立場です。そのため、安易に保育の目標や方針を変えることが難しいことはわかります。しかし、やる前から頭ごなしに否定されると「やろう!という気持ちがだんだん無くなっていってしまう」と語った参加者もいました。この気持ちに対して、「おとなの気持ちが大切にされない園で、子どもの言葉が聞き取られていくのだろうか?」「子どもを大事にする園は、保育者の思いも大切にされている園だと思う」と、感想が続きました。

「やろうという気持ち」が尊重され、「おとなの思い」も大切にされる関係性を育むためには、誰よりも園長自身が保育者と保育を語り合える対等な関係づくりに努め、「やってみたいことをやってごらん。失敗しても責任はとるから大丈夫」と言えることが必要なのではないでしょうか。保育者も一人の人間です。認められて頼られて支えられる経験を通して初めて、子どもの思いに寄り添った保育ができるのです。

園長の役割は一言でいうと「保育者のやりたい気持ちを支え、見守ってその責任を取る」ということに尽きると思います。下のイラストはボスとリーダーの違いを表

しています。この章を読んでいる園長は、自分はどちらのタイプに当てはまるか、自己評価だけでなく、職員に他者評価してもらってはいかがでしょうか。

5　保育計画の向こう側にあるもの

子ども一人ひとりの違いが大切にされながらも、誰もが幸福と感じられる人生を歩んでほしいと保育者は願っているはずです。しかし、私たち園にいるおとなはどうでしょうか。子どもに願っているその願いが、「自分たちおとなの願い」にもなっているでしょうか。

厳しい言い方をすれば、園のおとなたちが大切にされていない「今」を棚に上げて、子どもへ一方的に願う「保育の計画」があるとすれば、それは何の役にも立たないただの飾り物にすぎません。

保育計画づくりには終わりがありません。いつまでたっても保育に悩むけれど、それでも子どものために何ができるかを問い続ける営みです。その営みは「保育者としての自分との出会い」でもあり、「私はどういう人間でありたいか、という自己への問いかけ」でもあります。

私たち保育者は、自身の人生観や保育観を子どものさまざまな姿から問いかけられています。その問いを受け止め合い、思いを紡ぎ合いながら、みんなが一緒に育ち合う関係性を豊かに作りあげていく営みこそが、「保育計画」であってほしいと切に願います。

（吾孫子　幹）

おわりに

ブックレットシリーズ第8弾となる「どうする？ どう書く？ 保育計画」の発刊を迎えることできました。まずは、発刊にあたり、たくさんの方にご協力をいただいたこと、お礼申し上げます。

ブックレットを作成するまでに何度も話し合いを重ねてきました。正直なところ、その中で「これまでの保育計画がダメだったのかな？」と否定的に捉えたこともありました。新しい保育に取り組んでいる園や、保育計画の見直しが進んでいる園の話を伺う度に、焦りも感じていました。でも、「ダメじゃないよ。こんなふうに考えてみるのは？ という一つの提案」などと、戸惑いにずっと寄り添って気持ちを聞いてもらったおかげで、これまでの保育があるから振り返りができる、よりよい保育に向かっている過渡期に差し掛かっているのだと思えるようになりました。経験豊富な保育者ほど柔軟にならなくては……とも感じています。

私たち保育者は、「子どものために豊かな経験を」とたくさんの願いを詰め込みすぎていたように思います。そこに、「子どもの姿が反映されているのか」を考えることもなかったのではないでしょうか。しかし、コロナ禍を経験し、さらには「不適切保育」が取り沙汰されるなか、これまで以上に保育の在り方を考えさせられるようになりました。そこで改めて、子ども一人ひとりが安心して過ごせることがとても大事なのだと感じました。また、子どもだけでなく保育者も安心して保育ができる環境も必要です。それを支えるものが「保育計画」だと思います。しかし、その計画を遠い存在だと思っている私たち。私たちは、作成することに重きを置きすぎて、子どもの姿を次に繋げていくものであることを見失っていたのかもしれません。

「保育計画と園の行事」の分科会では、保育計画の見直しや振り返りをするにあたり、「子どものありのままの姿から出発し、子どもの思いを捉える」ことを大切にすることを確認しています。また、「子どもの育ちを願うための計画はワクワクするものでありたいね」と語り合われてきました。日々の保育の語り合い、子どもの思いや職員の考えを共有していったり、気づき合ったりすることが、互いの共通理解へと繋がり、自園の保育計画がもっと身近なものになると思います。このブックレットをぜひご一読いただき、子どもの育ちに必要なこととは何なのか？　また、自分の保育を語り合うきっかけになればと思っています。

最後に、子どもたちと保育者が生き生きと園生活を送れるような、熱意と愛情を感じる保育計画ができることを願っています。

保育計画への取り組みを始めたら、ぜひ分科会にご参加ください。みなさん、語り合いましょう。

（豊永智恵子）

「どうする？　どう書く？　保育計画」執筆者

脇　　信明　長崎大学、九州合研常任委員会代表
吾孫子　幹　さくらの里こども園
上原　真幸　熊本学園大学、九州合研常任委員
豊永智恵子　柳瀬保育園
川越　公代　元公立保育所保育士
建川　裕子　さくらんぼ保育園元副園長
黒川　久美　むぎっこ保育園副園長
愛甲　明実　共同保育所ひまわり園園長、九州合研常任委員
古林　ゆり　精華女子短期大学、九州合研常任委員

表１－１（本文P12－15）
表３－１（本文P48－53）
二つの表はこちらからも読み取ることができます

「保育っておもしろい！」ブックレット
どうする？　どう書く？　保育計画

2024年９月10日　第１刷発行

編　者　©九州保育団体合同研究集会常任委員会

発行者　竹村　正治
発行所　株式会社 かもがわ出版
〒602-8119 京都市上京区堀川通出水西入
TEL075（432）2868　FAX075（432）2869
振替01010-5-12436
ホームページ　http://www.kamogawa.co.jp
印刷所　シナノ書籍印刷株式会社

ISBN978-4-7803-1336-9　C0037